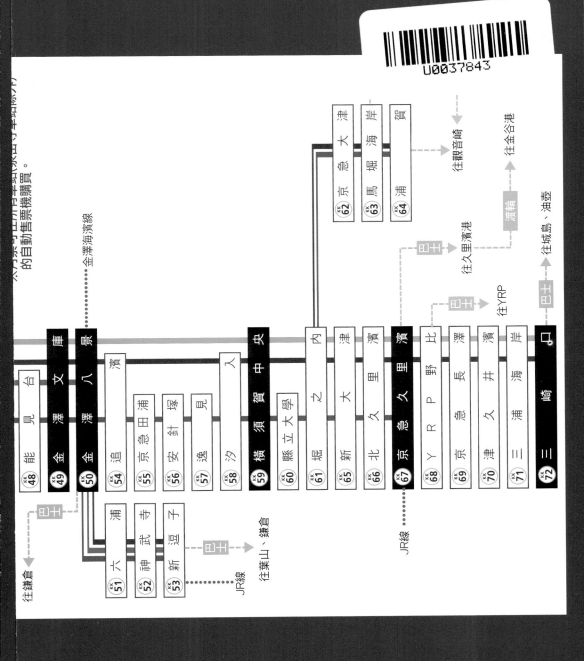

太方案写正所用丰屿（水面均辛均附小的
的自動售票機購買。

金澤海濱線

往鎌倉

巴士

往葉山、鎌倉

JR線

JR線

往觀音崎

往久里濱港

往YRP

往城島、油壺

渡輪 往金谷港

巴士

巴士

巴士

KK 48	能見台
KK 49	金澤文庫
KK 50	金澤八景
KK 51	六浦
KK 52	神武寺
KK 53	新逗子
KK 54	追濱
KK 55	京急田浦
KK 56	安針塚
KK 57	逸見
KK 58	汐入
KK 59	橫須賀中央
KK 60	縣立大學
KK 61	堀之內
KK 62	京急大津
KK 63	馬堀海岸
KK 64	浦賀
KK 65	新大津
KK 66	北久里濱
KK 67	京急久里濱
KK 68	YRP野比
KK 69	京急長澤
KK 70	津久井濱
KK 71	三浦海岸
KK 72	三崎口

.com世代的生活便利情報指南

東京大人旅

Milly

東京模式度假中

　　總是忍不住的，不經意的，就想「可能」、「或許」該去東京了。

　　即使已經數算不清到底去過幾回東京，卻是在本以為已經膩了的同時，又揚起想去東京的念頭。東京的魅力是什麼？Milly 以為是在東京持續更新演進，讓不同年齡層都得以雀躍的消費型態和流行風潮。

　　只是意外地，東京其實也是非常適合度假的大都會，多樣人文設施和個性小舖足以滋養感性一面，在密集便捷的交通網路下，十幾分鐘便可在下町、都會、自然、住宅區間轉化情緒。想看山、望海、泡溫泉，從東京都心跳上往近郊前去的電車，簡單就可以實現。

　　時而讓自己沉浸在「微住遊」氣氛、時而微醺在「小奢華大人」格局中、時而輕快地在「文青女子」漫步路徑上，不同的主題都可以讓自己置身在東京度假的步調裡。

　　所以去度假吧！以東京規格，以自我興致。短短幾日也好、是隨性出發也好、是期望已久的放鬆假期也好。

東京區間印象

日本行政區域劃分是 47 都道府縣（東京都、北海道、京都府、大阪府和 43 縣），東京稱為「東京都」，所以行政首長不是「東京市長」而是「東京都知事」。

東京都下有東京特別區（23 區）、多摩地域和島嶼（大島·三宅·八丈·小笠原）。23 區分布位置和特色，要全數掌握對外地人來說太困難，大致記住荒川區（隅田川、荒川、西日暮里）、江東區（豐洲、深川、清澄白河）、渋谷區（八千公、明治神宮、表參道、原宿、代官山）、新宿區（都廳、新宿御苑、早稻田大學、明治神宮外苑）、墨田區（隅田川、淺草寺、秋葉原、入谷、藏前、上野公園）、中央區（銀座、日本橋、築地、月島）、千代田區（皇居、東京車站、丸之內、有樂町、大手町、日比谷公園、警視廳）、港區（大使館、六本木 Hills、麻布十番、國立新美術館、東京鐵塔、台場、電視台）和品川區（高層辦公大樓、原美術館、水族館）等基本印象即可。

Milly 自己偏愛的劃分方法則是，觀光客密集出現的「銀座大街」、「築地市場」、「淺草雷門」、「晴空塔」、「西新宿歌舞伎町」、「渋谷站前商圈」、「原宿竹下通」、「彩虹橋台場」「電器宅男聖地秋葉原」，依然有不少觀光客，但相對步調舒緩的時尚街道「六本木」、「表參道」、「南青

山」、「代官山」，東京白領菁英上班族出沒的辦公室區「丸之內」、「品川」，下町文青區「谷根千」、「清澄白河」、「藏前」，以及美好散步區「二子玉川」、「西荻窪」、「神樂坂」等等。

東京縱橫路線

東京電車路線最被大家熟悉的大概就是環狀山手線，其他都內路線還有貫穿山手線的中央線以及東海道本線、橫須賀線、京浜東北線、宇都宮線、高崎線、常磐線、總武線、京葉線和埼京線，可由東京出發的新幹線則有東北、山形、上越、秋田和北陸新幹線。

除了以上 JR 東日本鐵道路線外，其他主要私鐵有通往下北澤、吉祥寺的京王電鐵「京王線」、「京王新線」和「井之頭線（井の頭線）」。

通往代官山、中目黑、自由之丘的東京急行電鐵（通稱東急）「東橫線」，通往三軒茶屋、二子玉川的「田園都市線」。

可在小田原連結箱根登山電車、也可直通到湘南地區的小田急電鐵「小田原線」。

直通晴空塔的東武鐵道「東武スカイツリーライン（伊勢崎線）」、「龜戶線」、「大師線」、「東上線」和直通日光的「日光線」。

　京浜急行電鐵（通稱京急）直通到橫濱、橫須賀、三浦海岸的「本線」和往返羽田機場的「空港線」。

　西武鐵道的「池袋線」、「豐島線」、「西武有樂町線」和「新宿線」、京成電鐵（通稱京成）的「本線（上野～成田機場之間）」、「押上線」和「金町線」。

　其他輕鐵、單軌電車系統，還有秋葉原起站通往茨城縣的つくばエクスプレス（通稱TX）、新木場～大崎之間的りんかい線、通往台場地區的ゆりかもめ（東京臨海新交通臨海線）和東京モノレール羽田空港線。

　地下鐵系統大致分為「都營地下鐵」和「東京地下鐵（東京メトロ）」。

　都營（東京都交通局）旗下除地下鐵外，還有路面電車「都電荒川線」和磁浮電車「日暮里・舍人ライナー」路線。

　東京巴士系統基本上都附屬在鐵道公司之下，像是京急巴士、小田急巴士、京王巴士、東武巴士、西武巴士等，只是路線巴士系統非常複雜不容易入門，Milly 偶爾利用的是都營巴士的 500 日圓一日券。

海外遊客大友好的 Tokyo Subway Ticket

　「Tokyo Subway Ticket」是東京滯留期間最推薦的周遊券之一。以往可搭乘東京メトロ和都営地下鉄的共通一日　車券是 1000 日圓，「Tokyo Subway Ticket」一日券則是 800 日圓、二日券是 1200 日圓、三日券是 1500 日圓。就是說如果使用三日券的話，一天平均費用才不過是 500 日圓。

　「Tokyo Subway Ticket」可以單獨於機場或是指定商場、HOTEL 購買，在機場購買時則建議利用京浜急行電鉄（註：之後均以京急稱之）、京成電鐵等機場櫃檯，以聯票方式購入會更加優惠便利。

Contents

Chapter 1 東京自在食旅

Chapter 2 東京大人時光

Chapter 1
東京自在食旅

台北、東京一直線

 ## AM 07：30 松山機場起飛

羽田機場和松山機場直航後，台北與東京的距離更近了。一早搭乘飛機前往東京，中午就可以進入旅行、度假模式。

以下就是關於 2015 年 2 月某日，搭乘一早長榮 BR7：30 從松山機場起飛航班，於上午到達羽田機場後的 12 小時吃喝遊晃愉悅日記。

 ## AM 11：15 抵達羽田機場

當日天氣絕佳，航班順利於預定時間 11：15 分，降落東京羽田機場。

Milly 會提前於網路劃位以確保前段座位，方便早些離開機艙，前進海關辦理入境手續。

當晚住宿的 HOTEL 在淺草雷門附近，於是預計搭乘「京急」與「都營淺草線」聯營的直通車於淺草站下車。

出關後先在「京急旅遊服務中心」，購入 1900 日圓的三天份「WELCOME！Tokyo Subway Ticket」，這是「Tokyo Subway Ticket」與「京急」組合的套票，包含 Tokyo Subway Ticket（1 日～3 日券）＋羽田機場國際線航站樓至泉岳寺站的京急線單程乘車券，另也有往返乘車券可供購買。

互相直通行駛的「京急本線」與「都營淺草線」，進入都心後會停靠品川、新橋、東銀座、日本橋、藏前、淺草等站，如果當日 HOTEL 預約在以上車站周邊，就會優先利用京急系統進入市區。

同樣套票還有 Tokyo Subway 1 ～ 3Day Ticket 與利木津巴士、京成 Skyliner 等組合，詳情參閱東京メトロ線的繁體中文

網站。http://www.tokyometro.jp/tcn/ticket/value/airport_bus/

　　Milly 實際使用 3 日券的心得是，這票券除了划算外，最大利點是「東京 Metro」和「都營地鐵」均可搭乘，無需刻意留意不同地鐵系路線的差異和換車。

⏰ PM 12：17 到達下町淺草

　　11 點 45 分在羽田空港搭上京急空港線往押上的「エアポート快特（機場特快）」，到達淺草站是 12 點 17 分。步行前往當晚預約的「ザ・ゲートホテル雷門 by HULIC」，將行李寄放在大廳櫃檯，就可以輕鬆去吃個淺草地域風貌的老舖午餐。

　　出發前搜尋的預備名單有「並木藪」、「尾張屋」的蕎麥麵、「ヨシカミ」的日式洋食屋套餐、「駒形どぜう 本店」的泥鰍鍋、「鰻駒形前川」的鰻魚飯、「まさる」的特上炸蝦飯和開業超過 150 年以上的「弁天山美家古寿司」的正宗江戶前壽司套餐。

PM 12：45 老舖「尾張屋本店」午餐

　　想法很多只是天氣燥熱肚子也餓，走出 HOTEL 大門看見對面的「尾張屋本店」招牌，就不多想的直接進去用餐。1870年（明治三年）創業的老舖「尾張屋」，百多年來深受在地人和前來淺草寺參拜的善男信女偏愛。尾張屋本店用餐空間不是太寬敞也並非豪華，但依然可以窺看到老舖貫祿氣勢，入口處掛有「淺草寺御用」牌子。

　　「尾張屋」必吃招牌菜色，是放入兩尾以麻油煎炸大明蝦的「車海老上天ぷらそば（炸明蝦蕎麥麵）」，老饕則建議選擇更可以吃出蕎麥風味的蕎麥冷麵配上現炸大明蝦「天せいろ」。若是不愛吃蕎麥麵，則可變通選擇同樣人氣的「天丼（炸蝦蓋飯）」。

　　只是 Milly 是「鴨南ばん（鴨肉蔥花蕎麥麵）」的完全熱中者，看見菜單有冬季限定的「鴨南ばん」就抵不住誘惑，放棄了大明蝦改吃熱呼呼鴨肉蕎麥麵。

　　尾張屋只在 10 月至隔年 3 月之間供應的「鴨南ばん」，使用的是高級法國餐廳都會使用的純種本鴨。切成小塊的鴨肉很有咬勁且肉味扎實，湯頭看似油膩，入口中卻是清爽還帶著花椒隱味。裹著蕎麥麵一起吃下的白色蔥絲，風味跟常吃的大蔥不同，爽口甘甜彷如蔬菜。

尾張屋 本店

地　　　址　東京都台東区浅草 1 － 7 － 1
營業時間　11：30 ～ 20：30（週五定休）
註　靠近東京メトロ浅草站有「尾張屋分店」、週三定休

PM 13：15 逛職人風範「犬印鞄製作所」

　　「犬印鞄製作所（雷門通店）」跟蕎麥店「尾張屋」只
隔著條巷道，是展現帆布包職人手藝的專門店。「犬印鞄製作
所」於（昭和 28）1953 年創業，每一個純手工縫製的帆布包
都縫上「東京淺草犬印鞄製作所」字樣，頗有跟京都「一澤帆
布」分庭抗禮的架式。招牌上有隻看守皮包的「救難犬」，原
來是創業者希望製作出的帆布包，能如同守護著身上酒樽救助
人的阿爾卑斯救難犬一樣，全心全意守護著使用人們的隨身行
囊。

　　在自行車風潮下，「犬印鞄製作所」的自行車包大受歡
迎，有好一段時間「犬印＝自転車バッグ（自行車掛包）」的
印象深植人心。

　　可惜經營遇上困境，創業人飯島先生決定忍痛廢業。好在後來接手經營的細川社長，在不想見到如此有歷史的職人手藝帆布包就此消失，提出希望承接的想法，才讓「犬印鞄製作所」得以繼續留存下來。

　　再出發的「犬印鞄製作所」，不再堅持局限於自行車掛包或是工具包，在耐用手工帆布包功能外，加入了品味設計和實用功能，帆布包的顏色也不再局限於灰色、醬綠或是帆布色。以此推出了從公事包、外出托特包、旅行背包到小錢包等多方位、耐用又可搭配服飾的帆布包新系列商品。「犬印鞄製作所」有幫客人繡上名字的服務，買一個送人或是送給自己都是不錯的主意。

犬印鞄製作所
http://www.inujirushikaban.jp

PM 14：00 「FEBRUARY CAFE」喝精品咖啡

在職人帆布包店後，又順線走入一旁商店街，逛逛店頭風味引人的老舖仙貝屋「和泉屋」，以及觀光客人潮依然擁擠的淺草雷門仲見世通。

接著是最愛的咖啡屋巡禮，要前往偏離熱鬧觀光區浅田原町周邊，尋找位在巷弄內的「FEBRUARY CAFE」，期望喝杯講究專業的精品咖啡振奮精神。在每個區域「私藏」幾間好喝、好情緒、好氛圍的咖啡店，是 Milly 在東京漫遊中持續的樂趣。可喜的是，近年來只要稍稍用心去蒐集，不論是在怎樣似乎不可能存在高品質咖啡屋的環境下，依然得以找到至少一間，日後樂意再次前去的美好咖啡屋。

像是這樣依循咖啡同好雜誌訊息來到 FEBRUARY CAFE，喝杯專業又好喝的拿鐵後，就會想自顧自的下起結論，「嗯～淺草能孕育出這樣的咖啡店，果然淺草還不能輕言放棄！」說實話，以往對觀光客必來的淺草雷門多少有些卻步，在確認了 FEBRUARY CAFE 存在後開始願意放棄偏見，同時萌發了再次追尋淺草深度魅力的興致。

多少有些偏見也不一定，一向以為能滋養美好咖啡屋的地域，必然有其魅力或是值得期待的演變。引發 Milly 從「觀光

淺草」到「體驗淺草、品味淺草」轉變的，除了 FEBRUARY CAFE 外，之後住宿附近「藏前」地區 Hostel「Nui」的經驗更是絕大大關鍵。

　　FEBRUARY CAFE 雖設有象徵性的露天座位，基本上還是歸類於第三波咖啡運動潮流中 coffee stand 形式的「個性化新世代小眾咖啡屋」。店面的確不是太大卻能營造出「沙發座位」、「木桌」、「櫃檯座位」和牆邊「stand 座位」等風格不同的細部空間。

　　住在淺草，來到一早 8 點開店的 FEBRUARY CAFE，吃份 550 日圓的咖啡、土司早餐是不錯節奏，值得特別一提的是，這裡使用的土司來自淺草大人氣麵包屋「ペリカン」。當然在淺草享用了老舖醬油風味的泥鰍鍋、鰻魚飯、炸蝦飯後，再來此享用鬆餅、司康配杯香醇咖啡的下午茶，同樣是不錯的味覺散步。

FEBRUARY CAFÉ
地　　址　東京都台東区雷門１－７－８ 1F
營業時間　8：10 ～ 19：30（不定休）

PM 14：40 喫茶店 Angelus 甜品

　　基本上，出去玩就是要吃吃喝喝，尤其是在度假氣氛的旅行中，一日五食是簡單達成的興致。早餐、點心、中餐、下午茶、晚餐，會不會吃太多？真要狡辯可能就必須動用「吃甜食是另一個胃」的說法，喜歡咖啡屋巡禮則又偷偷補上一句：「咖啡是另一個胃的另一個部位」。

　　總之就是這樣吃吃喝喝、走走停停、吃吃喝喝。不是覓食、不是填飽肚子而已，品味美食、味覺饗宴本是旅行一部分。

　　口中存留咖啡餘香離開 FEBRUARY CAFE 咖啡屋，看看距離飯店 Check in 還有些時間，就又繞去淺草風味街道「オレンジ通り」。

　　沿著雷門大通進入「オレンジ通り商店街」，目標外觀彷如歐洲山中度假小屋，卻是擁有 60 多年歷史（創業 1946 年）的老舖洋風咖啡屋「アンヂェラス (Angelus)」。據知大文學家川端康成和漫畫家手塚治虫，昔日都是這裡的常客。選擇坐在靠窗擺放有如教堂座椅位置，抬頭恰好可以眺望店內有名的典雅鏤空雕花隔間。

　　回憶起來這可是 Milly 第三回來到アンヂェラス，第一次為了喝這裡的名物「梅ダッチコーヒー（梅酒冰滴咖啡）」，誰知事前沒研究透徹，誤點了加入白蘭地的熱咖啡。

　　心有不甘，沒多久又再次前來挑戰，這回終於正確的點了720 日圓的「梅ダッチコーヒー」。有說這老舖咖啡屋還是日

式冰滴咖啡的發祥地，本來這「梅ダッチコーヒー」是創業者外甥澤田光義自己私下的品味喝法，偶然讓大文豪池波正太郎品嚐後大受讚賞，之後就成了 MENU 上常態的人氣飲品。

要說這梅酒冰滴咖啡有多好喝，倒也形容不出什麼讚賞溢美之詞。只是在這樣如同時光倒流的懷舊咖啡屋內，喝著以講究道具端出昔日文人雅士曾經吟味的咖啡，還是一種超越了咖啡味覺本身的美好體驗。

由於才喝了專業拿鐵，這回就不再執著老舖飲料，即使前來時的確意圖嘗試日本喫茶店的招牌飲品，那帶著詭異藍、綠色的蘇打水飲品「メロンソーダ」。

在 MENU 目光游移的猶豫之間，忽然瞥見桌上玻璃墊壓著季節限定的冰品推薦。如同之前在尾張屋的情形，Milly 看見「季節限定」就會即刻被催眠，等回過神來（笑）已經跟打著黑領結的老店員，點了季節限定的草莓聖代。

微妙的是，在尾張屋剛好遇上冬季限定鴨肉蕎麥麵的尾聲，在這裡卻是遇上初春草莓季節限定甜品的開端。

「イチゴパフェ（草莓聖代）」一端上來，不由感嘆一聲，「真漂亮！草莓好多！」大方放入的草莓酸中帶甜非常新鮮，願意採用如此品質高級的草莓，果然不愧是淺草老舖風範。

アンヂェラス店內裹上巧克力，被稱為「アンヂェラス」的蛋糕捲，同樣深受常客的偏愛，在店內享用冰品時看見絡繹不絕的客人前來，多是為了來此購買這蛋糕捲作為伴手禮。

■ **アンヂェラス (Angelus)**
地　　址　東京都台東区浅草 1 － 17 － 6
營業時間　10：00 ～ 21：30（週一定休日）

PM 15：15
「ザ・ゲートホテル雷門 by HULIC」CHECK IN

　　「ザ・ゲートホテル雷門 by HULIC（休雷克淺草雷門酒店）」，坐落在從地下鐵淺草站走去 2 ～ 3 分鐘，面向雷門大通的位置上。本以為會是外觀搶眼的 HOTEL，意外地設計低調，不小心還會閃神走過錯失入口。

　　一樓入口設計倒是頗有氣勢，更刻意做成印象著雷門的「門」字模樣。設在 13 樓的 Lobby 沒有觀光飯店慣有的金碧輝煌，反而有些精品商務旅館的味道。從連結 Check In 櫃檯的 HOTEL 大廳，可以透過展望落地窗，眺望淺草市街、隅田川、晴空塔全景。

　　從 HOTEL 網頁上獲悉部分房間可從窗戶看去晴空塔，因此從該飯店 2012 年 8 月開業以來就持續想要預約住宿。只是有晴空塔景致的「S」房型，沒有單人住宿預約方案，真的還是要住宿則是一晚最少也要 22000 日圓以上。所以首次體驗住宿還是理性選擇，沒有晴空塔景觀的基本「M、Modest」房型。其實「M」房型一人住宿已經充分，結合傳統和現代的房間，質感不錯，配色讓人安穩，英國皇室認證御用的

Slumberland 名床舒服好睡，小缺點是沒有浴缸。

　　房間看不見晴空塔夜景，善加利用頂樓 BAR、大廳和餐廳，同樣得以觀賞到以晴空塔襯托的淺草日出、夕陽和夜色。

　　在房間短暫休息後再次出門前，先來到 14 樓的 T Terrace 戶外露台區，點杯特惠 500 日圓氣泡酒來眺望遠方晴空塔。

　　午後 3 點～ 6 點是為住宿客人特設的「Early Bird」獨享時間，時段內 MENU 上從紅白酒、氣泡酒、果汁、咖啡、啤酒等飲料，都以 500 日圓均價提供。

　　第二天在 13F「Restaurant & bar」的自助早餐，無疑也是這次住宿體驗的加分關鍵。

　　早餐除了擺放麵包、水果等的自助 BAR 外，每位客人還可以點一份現做蛋料理。Milly 選的「班尼迪克蛋」在端上桌時著實讓人眼睛一亮，完全有海外早餐專門店水準。班尼迪克蛋放在法國土司上，下面則墊有燻鮭魚、厚切培根，每一口吃去有著不同組合風味。

　　除了這留下美味好印象的班尼迪克蛋外，最棒的還有持續供應的現榨鮮橙汁和水準不錯的可頌麵包。「THE GATE HOTEL 雷門 by HULIC」的自助早餐不以豐盛取勝，卻是每樣都精緻且講究。

THE GATE HOTEL 雷門 by HULIC
http://www.gate-hotel.jp

PM 16：30～17：50 淺草暮色

　　住在淺草，自然要逛逛淺草寺。

　　即使不刻意安排路線前去觀光，出出入入時也能見到淺草寺。換個角度來說，該是唯有住宿在淺草寺周邊，才能如此以日常視野親近，總會出現在不少人東京觀光照片中「到此一遊」的雷門、淺草寺。

　　清晨的淺草寺、暮色的淺草寺、黑夜寂靜的淺草寺、觀光客湧入的淺草寺、從高處看去的淺草寺。說到最愛畢竟還是一大早的淺草寺，在冰涼的空氣中通過仁王門垂掛的「雷門大提燈」，穿過淺草寺表參道還沒開店的仲見世通往五重塔、本堂方位前進，之後漫步在豐饒綠意之間的藥師堂、影像堂、淡島堂。

　　雷門正式的名稱是風神雷神門，提燈上的雷門兩字是風雷神門略稱。向著雷門看去右手邊是風神左手邊是雷神。這儼然是淺草象徵的「雷門大提燈」據說有 700 公斤重，這雷門大提

燈從 1971 年開始每十年會全新更換。通過這大提燈下方時建議抬頭看看精采龍騰雕刻，淺草寺全名為「金龍山淺草寺」，祭拜聖観音菩薩出現時腳踩的金龍。

　　至於燈籠上寫著的「松下電器（後改名為 Panasonic ）」字樣，則是 1960 年松下電器的創辦人松下幸之助生病時曾到淺草寺祈福，病癒後為了感謝就興建了雷門和提燈作為寄贈。「雷門大提燈」基本上還是燈籠，在強風或是颱風期間會往上推高疊起來。

　　暮色中觀光客人潮逐漸退去的淺草寺周邊，跟清晨時分同樣有著讓人愜意的風情。

　　依然是先在雷門前耐心等待拍照時機，之後穿越依然殘留著些許觀光客的江戶風情仲見世通店舖小攤。到了仲見世通盡頭便往一旁的「浅草新仲見世通」右轉，在「横浜くりこ庵」買個たい焼き（鯛魚燒）作為點心。

　　淺草是東京鯛魚燒激戰區，在區內除「横浜くりこ庵」外還有從麻布十番超級人氣「浪花家」分支出來的「浅草浪花家」和「銀座たい焼き櫻家」、「たい焼 写楽」、「忍者た

い焼」、「たい焼勝」等6間鯛魚燒名店。

　「横浜くりこ庵」的鯛魚燒特色是口味多樣，外皮較厚帶著鬆餅口感，同時冰涼來吃同樣美味。

　在店前擺放的椅子吃了甜品鯛魚燒後，回到仲見世通同時左轉往另一邊綿延著展現江戶職人工藝舖頭的「伝法院通り（傳法院通）」。不過走著走著又被一陣香氣給吸引，無法抗拒的就來到了香味傳出的「浅草メンチ」店前，跟著排隊人潮買買了個200日圓熱呼呼的「メンチカツ」。メンチカツ是日本庶民風洋味美食，是將豬、牛絞肉攪拌入洋蔥等蔬菜，再以麵包粉裹上油炸的肉餅。

　「浅草メンチ」號稱淺草新名物美食的炸肉餅，使用的是夢幻等級「高座豚（高座豚）豬肉」和牛肉，一口咬下去在感受到外皮酥脆瞬間，甘甜肉汁也在口中氾濫，吃後讓人回味無窮。如果意猶未盡還可以在旁邊「豐福」，買個同樣是現炸提供熱呼呼的「黒毛和牛カレーパン（黒毛和牛咖哩炸麵包）」，繼續歡愉在肉汁的饗宴中。

　在食慾依然旺盛的狀況下，建議接著往淺草新據點「ホッ

ピー通り」，三五好友聚在開放感的露天庶民居酒屋，以濃厚醬料滋味的「煮込み（熬煮內臟）」佐酒暢飲，因為這裡每家店都有特色風味的「煮込み」，因此這條約莫 80 公尺的街道也被稱為「煮込み通り」。

　　這條ホッピー通り原是淺草當地人和徹夜苦力工作的勞動階級，於上午返家前喝杯平價「ホッピー」，吃些口味較重料理的地方。

　　近年來為了迎合國內外觀光客同時創造新商機，於是將店家改裝得寬敞明亮，並將桌椅刻意擺放在店前，讓這條原本有些晦黯氣氛的街道，變身成為入夜後吸引世界觀光客的熱鬧江戶居酒屋主題樂園。

　　（註：ホッピー英文寫成 Hoppy，是在啤酒依然是高級飲品時代，如同啤酒代用品的便宜麥酒碳酸飲品。）

横浜くりこ庵（浅草新仲見世通り店）
地　　址　東京都台東区浅草１－32－２新仲見世通り
營業時間　10：00〜20：00（無休）

浅草メンチ
地　　址　台東区浅草２－３－３
營業時間　10：00〜19：00（無休）

PM 18：30 相約下町柳橋畔的歐風酒館 「Wineshop & Diner FUJIMARU」

　　在淺草暮色遊晃返回 HOTEL 梳洗後，搭上地鐵前往距離「淺草站」不過四分鐘車程的「淺草橋站」，赴一個在下町柳橋畔「Wineshop & Diner FUJIMARU」跟當晚同樣旅行在東京的友人晚餐約會。

　　「Wineshop & Diner FUJIMARU」是都會型的酒窖併設歐風酒館食堂，從浅草橋站走過去大約是 10 分鐘距離。「Wineshop & Diner FUJIMARU」母公司是位在大阪，擁有自家葡萄園、釀酒場的進口酒商「FUJIMARU」。這間以法國料理為主的餐廳，坐落在面向柳橋畔屋行船碼頭的水泥建築二樓，從窗外望去，神田川下町昔日風景盡收眼底。

　　餐廳空間其實沒想像中的大，放置有自家釀製紅、白酒鋼桶的開放廚房前，是 5 ～ 6 人櫃檯座位，櫃檯前擺有四張桌位，其中兩張是四人、另兩張是兩人座位，其他就是面向川邊的兩人站位。

　　用餐空間可以直接通往旁邊酒窖，比餐廳空間更大的酒窖內，放滿來自義大利、法國、日本將近 70 間酒廠、包含「FUJIMARU」自家釀製的 1200 種類以上的酒。

　　用餐時除了酒單上的選擇，也可在酒窖找出想喝或是好奇的酒帶入餐廳，開瓶費 3000 日圓以下的酒是 1000 日圓、以上是 1500 日圓。

　　如果「Wineshop & Diner FUJIMARU」只是個可以喝酒用餐的地方，或許吸引力還不會這麼強烈，重要的是這裡的餐食也相當吸引人，菜單上還有 Milly 一直期待品嚐的人氣麵包屋「江古田」的麵包。

　　日本近年風行個性化的專門店，店主專心提供自己擅長領域的精選商品，不擅長的範疇就引入該範疇最好的或是理念最相近的店家。酒吧、小酒館老闆專注在推薦好酒、好料理，麵包、生火腿、起司甚或是甜品就採用其他店家商品，如此在一間店內就可以美好加倍美好相乘。

　　等待朋友來到前，Milly 先點了杯由店內ソムリエ（仕酒師）建議的白酒，配上「江古田のパンの盛り合わせ（江古田綜合麵包）」和釀入藍莓起司、核桃的油煎香菇（ブルーチーズを詰めた焼き椎茸）。等朋友來到後，就選了瓶酒標畫著酒杯中愉悅游泳可愛紅色金魚的法國產氣泡酒「BOISSON ROUGE」。料理同樣尋求了仕酒師推薦，點了炸魚沙拉、頂級豬肉排，如此一餐下來買單是 12000 日圓多些。

　　「Wineshop & Diner FUJIMARU」用餐氣氛恰到好處的介於正式和簡便之間，料理美味、酒品豐富、建議專業，加上可以跟友人單單憑著餐廳名稱和地圖，在異國首次踏入的歐風酒館相約盡享美酒佳餚，是極為滿意且值得回憶的一餐。

Wineshop & Diner FUJIMARU
地　　址　東京都中央区東日本橋２－27－19 Ｓビル 2F
營業時間　13：00 ～ 22：00（定休日週二、每月第二個週三）

PM 21：15 興致大好、
續攤人形町「パーラー 305」

　　在 Wineshop & Diner FUJIMARU 愉悅用餐酒興仍好，就想趁著興致再去一間想與朋友共同擁有美好記憶的小酒館。兩人從淺草橋站換乘地鐵前往人形町站，循著店名、地址，探訪位在下町巷道的巴黎風情小酒館「パーラー 305」。

　　資料顯示從人形町站走去「パーラー 305」是三分鐘，但著實還是迷了一下路，好在花費時間不致於削損興致。說這間「パーラー 305」位在住宅區的小酒館是低調風格倒也適切，只是真要說卻也是一點都不低調。

　　原來只要看見顯眼的黃底紅字「婦人・紳士靴コマバ」大招牌，就已經來到「パーラー 305」店前。這大看板是原建築店家招牌，「パーラー 305」掛在牆邊上寫著店名的燈箱，卻是低調到有些惡作劇的感覺。總是帶著開朗笑容的年輕女店主久保ゆかり小姐，一眼就喜歡上這四十多年的老房子和原來的鞋店大招牌，於是央求房東把招牌留下來，後來就因此成為食客前來的指引座標。

　　店名「パーラー 305」的「パーラー」是不少日本歐風小酒館喜歡採用的字樣，法語「パーラー（Parlour）」是指可以愉悅聊天的地方，也可意指為冰果室、小食堂之類，街坊聚集聊天的人情店舖，至於「305」則是久保小姐在大學時，參加舞蹈社團的隊伍編號。

　　「パーラー 305」在週六、週日有午餐供應，開店時間卻是下午 2 點，就是提供的不是上班族吃的那種匆忙午餐，而是悠悠哉哉於假日午後開始享用的稍

晚午餐。據說這裡的常客正是愛上這裡「ユルユル（不慌不忙）」的調調，但並非是那種寧靜無聲的緩慢，而是讓人身心放鬆的自然舒緩。

「パーラー305」由久保小姐女子一人獨自張羅，熟客才懂得上去的二樓閣樓座位，還必須自己下來端酒、拿菜呢。

店內保有原來舊屋的高天井、粗樑木和鐵製旋梯，改裝概念是女店主刻意營造的巴黎小酒館風。一樓櫃檯座位占據了主要空間，大部分料理可在吧台內完成，不過時而會看見女店主消失在一旁類似廚房空間。整個空間最搶眼的是，櫃檯後方寫著密密麻麻推薦菜色的大黑板。久保小姐曾在法國餐廳工作過，於是菜單不乏鹹派、法國炸薯條之類的選項。當晚 Milly 點了紅酒，友人則點了瓶裝漂亮海外輸入啤酒，餐食點了好吃的鹹派和放入絞肉燉煮風味特別的檸檬風味煮牛肚。

櫃檯上裝置了架式十足讓客人點餐後才當場切片的切火腿機器，酒類偏向是少量的自然派和個人酒莊，每天酒單上會有 8 ～ 10 種以上的杯酒可以選擇。

穿著格子襯衫、吊帶褲的久保小姐可愛又親切，她說是喜歡吃好吃的、喜歡聊天才開了這間小酒館，同時店內擺放的酒也都是自身喝過以為好喝的酒。不過讓人很舒服自在的是，Milly 和友人明明一眼看去明顯就是生客，她卻不會刻意招呼也不會問東問西的好奇。現場所見一個人、一個女子的客人偏多，這裡的確是上班族回家前淺酌一杯、聊聊天的絕佳地方。

　　愉悅晚餐後帶著輕飄飄的微醺踏上歸途，走出淺草地鐵
站，回看是河岸那端夜色中的多彩晴空塔燈火。回到 HOTEL
看看時間是晚上 10 點 45 分，距離當日踏上東京土地的上午
11 點 15 分，剛好過了 11 小時又 30 分鐘。

　　晚安東京，明日繼續期待的東京假期。

パーラー 305
地　　址　東京都中央区日本橋富沢町 2 － 1
營業時間　週二〜週五 17：00 〜 23：00、週六、週日 14：
　　　　　00 〜 21：00（週一定休日）

晴天以外的日子登高晴空塔

　　從東武淺草站利用晴空塔線（スカイツリーライン）前
去「東京晴空塔站（とうきょうスカイツリー駅、原名業平橋
站）」，票價 150 日圓，車程不過是 2 分鐘。

　　以「傳遞日本資訊與精神給下一代」為使命的晴空
塔（TOKYO SKYTREE），於 2012 年 5 月 22 日 開 幕，
塔高 634 米是世界最高的自立式電視塔。開幕後附近店家
持續推出跟 634 數字相關商品，634 日文發音類似「武藏
（MUSASHI）」，這也正是包含東京和鄰近區域的舊稱。

　　晴空塔輪廓融合傳統日本建築中常見的「彎曲」和「隆起」構造，當夜幕降臨象徵東京下町氣質精神「粹」的主題燈光與代表日本古典美意識「雅」的主題燈光，間隔一日交替呈現。

　　第一展望台（高350公尺）設有可將東京一覽無遺的餐廳、咖啡廳和商店，在高約450公尺的第二展望台，設有讓遊客俯瞰腳下東京的玻璃製透明迴廊。

　　晴空塔與下方以「新下町風」為概念，集合312家間時尚、餐飲店舖和水族館等休閒商業設施的「新塔街（SORAMACHI）」，共稱為「TOKYO SKYTREE TOWN」。

　　Milly前往當日不巧遇上有些涼意的陰雨天，於是在登高

　　前去了靠近晴空塔登高入口的清新和風義大利麵咖啡屋「ソラ
マチ ココノハ」，喝了杯加入檸檬的熱呼呼蘋果汁，頓時整
個身體都暖呼呼起來。

　　　陰雨天前往晴空塔興致難免頓挫，利點則是不用排隊就可
以順利買票，利用高速電梯前往展望台。入場當日券是 2060
日圓，如透過網站預約特定日期、特定時間登高的票券則是
2570 日圓。

　　　來到第一展望台如同空中散步一樣的先繞個圈，之後在摩
登風格的咖啡屋喝了杯咖啡，看看天氣沒有好轉跡象，就選擇
放棄再購買 1030 日圓的入場券，前去第二展望台的東京スカ
イツリー天望回廊。天空大晴的日子前來晴空塔，勢必有著不
同的雀躍情緒，不是晴天的日子來到晴空塔，可以享用的或許
反而是更難得的悠閒。

▌晴空塔
http://www.tokyo-skytree.jp/index.html

淺草隅田川畔世界旅人匯集的 「Nui. HOSTEL & BAR LOUNGE」

　　同樣模式的「松山機場～羽田機場～下町一日」路徑，是從羽田機場搭上的「京急本線」、「都營淺草線」互通行駛電車直達淺草站的下一站「藏前」，這回是為了住宿好奇多時、將下町舊倉庫改裝，於 2012 年 9 月開業的「Nui. HOSTEL & BAR LOUNGE（以下簡稱為 Nui）」。

　　Milly 首次選擇的是面向隅田川的 7800 雙人房單人住宿，體驗過後印象大好，之後帶著侄子們再前來住宿，則是分別選擇了 2800 日圓的 8 人合宿房和有著上下舖雙架床的 7000 日圓雙人房。日後如再將新風貌下町體驗放入旅程的話，應該依然會將「Nui」放入最優先選項中。

　　會如此偏愛「Nui」，首先是從羽田機場前去的動線順暢，再來就是不同於以往提供國際背包客住宿的 Guesthouse、HOSTEL 風格，「Nui」在住房、公共浴室、廚房之外，還有著寬敞又別具品味的交誼、用餐空間。

　　「Nui」一樓咖啡空間在上午 8 點開始提供付費的高水準咖啡和麵包，晚上不自炊時則可以在咖啡屋變身的「BAR LOUNGE」，混在來自世界各地旅人和附近居民之間，於歡愉熱絡氣氛中享用不輸給專業餐廳，卻是價位合宜的多樣化調酒和美味料理。料理中最推薦的是 500 日圓現做披薩和帶著些微辣勁的牛肉蓋飯。

　　如果是熱愛清晨散步和慢跑的人，更大大建議在日出同時起床。穿上舒適的慢跑鞋，沿著跟「Nui」零距離的隅田川河岸步道，一面欣賞著晨光中倒映在川面上的晴空塔，一面愉悅的散步、慢跑。

Nui. HOSTEL & BAR LOUNGE
http://backpackersjapan.co.jp/nui/

清澄白河下町區精品咖啡巡禮

　　從「藏前」利用「都営大江戸線」前往「清澄白河」不
過 5 分鐘，開始帶著憧憬留意起「清澄白河」這美麗地名的下
町，是因來自美國舊金山號稱是咖啡界的 Apple、第三波咖啡
風潮象徵的「Blue Bottle Cofee」。好奇這國際咖啡店為何不
將重要的日本第一間店選在時尚的南青山、人文的目黑、新風
潮活絡的渋谷，而是選在下町庶民氣息的清澄白河隅田川畔工
廠區。

　　以往提到清澄白河最多的聯想是以蛤肉烹煮的「深川
めし」、「深川江戸資料館」和回遊式林泉庭園的「清澄庭
園」。因為吸引人潮的魅力不充分，東京都還於 1995 年興建
了外觀搶眼的「東京都現代美術館（MOT）」，計畫將清澄
白河塑造成「下町×ART」的區域，此後美術館周邊的確也
出現了不少藝廊、工房。

計畫外的是在 2000 年後，一股民間潮流默默在這下町蔓延。原來清澄白河以往是木材流通地「新木場」的木材保管區域，那些因林業沒落殘留的倉庫挑高很高，加上符合環保的排氣煙囪可以立刻轉換做為「咖啡豆烘焙場」，更因為租金比市區便宜許多，於是吸引了多間咖啡豆烘焙工房進駐，連帶引入了不少講究自家烘焙的咖啡屋。

也就是說，其實在 2015 年 2 月 Blue Bottle Coffee（藍瓶咖啡）於清澄白河開店之前，已經有不少質感、專業都受到肯定的咖啡屋在此營業。

像是早在 2012 年 4 月即於清澄白河設立大型咖啡豆烘焙工廠、附設咖啡屋，標誌是隻可愛小狗的「ザ クリーム オブ ザ クロップ コーヒー（The Cream of the Crop Coffee）」、只跟 Blue Bottle Coffee 隔著巷弄位在街角於 2013 年 9 月開始營業的「ARiSE COFFEE ROASTERS」，以及接近現代美術館於 2014 年 8 月開業，來自紐西蘭的「ALLPRESS ROASTERY & CAFE TOKYO」。

只是「Blue Bottle Coffee」擁有絕佳話題性才讓清澄白河一夕成名，不但讓日本咖啡迷從此將清澄白河視為東京美好咖啡屋密集的咖啡聖地，同時吸引了海外咖啡迷來此進行咖啡屋巡禮，Milly 理所當然也是其中一人。

ブルーボトルコーヒー（Blue Bottle Coffee）

　　走出地鐵清澄白河站後，沿著清澄通以「清澄庭園」為目標向前，大約 15 分鐘來到巷弄內，於灰色獨棟建築畫上簡約藍色瓶子標誌的 Blue Bottle Coffee 店前。

　　Blue Bottle Coffee 之所以被稱為是咖啡界的「APPLE」，首先是藍色瓶子標誌線條簡單卻是印象深刻讓人瞬間認識，再來就是在咖啡本身之外又放入「專業」、「愉快」、「文化」、「時尚」等包裝，行銷手法精湛。

　　據知 Blue Bottle Coffee 之所以選擇清澄白河開設日本第一間分店，是看在此處跟本社加州奧克蘭風貌類似，都是住宅區和工廠區得以互相共存的風味區域。

　　進入以倉庫改裝空間寬敞高挑店內，先要排隊點餐付帳，等待點的咖啡飲品完成期間，眼前所見是帶著美式陽光笑容的年輕吧台手們，各自利用先進咖啡器具，以流暢華麗手勢沖泡咖啡飲品。在擺放著閃亮咖啡機器的沖泡櫃檯旁，是巨大規模的咖啡豆倉庫和大型烘焙機器，所以在這裡享用咖啡也可以同時體驗潮流頂端的西方咖啡文化。

　　Blue Bottle Coffee 宣稱跟一般美式連鎖咖啡屋有所區隔，嚴選農莊精品咖啡豆，強調專業品質，在烘焙完成後堅持必須在 48 小時內

使用，同時採用講求真功夫的手沖方式。由此可再次認同為什麼 Blue Bottle Coffee 會選擇在日本起步開展亞洲版圖，畢竟這種講究「手工」、「專業」、「細膩」的咖啡沖泡模式，處處可以窺看到日式咖啡文化一杯入魂的縮影。Blue Bottle Coffee 的咖啡豆多數採用保有果香的淺烘焙，同時多以單品咖啡豆呈現，以此增加咖啡香醇度和辨識度。

　　Blue Bottle Coffee 清澄白河一號店的大部分空間都用在烘焙、咖啡沖泡和咖啡豆、周邊商品販售，店內用餐空間雖然別具風格，但稱得上是桌位的位置只有八張椅子，所以不少人都會選擇印有藍瓶的外帶杯。

▌Blue Bottle Coffee（清澄白河店）
▌地　　址　東京都江東區平野 1 － 4 － 8
▌營業時間　8：00 ～ 19：00（無休）

ARiSE COFFEE ROASTERS

　　店面不大，四個人進去就滿座的「ARiSE COFFEE ROASTERS（以下簡稱 ARiSE）」算不算是 Blue Bottle Coffee 風潮下的受害者？畢竟在 Blue Bottle Coffee 於清澄白河出現之前，ARiSE 可是該區域最具代表性的自家烘焙咖啡屋。

　　換一個角度來看，答案恰恰相反也不一定，或許正因 Blue Bottle Coffee 引進人潮，才對比出 ARiSE 更手工、更地域性、更人情的一面。論到第三波咖啡浪潮，ARiSE 也是其中個性化、小本經營、講究精品咖啡豆的典型之一，店內保持有五種以上的咖啡豆可供選擇、販售。有 10 年以上大型咖啡烘焙工房焙煎士經歷的店主名字是林大樹，是不是很有親切感、很台的名字？不過日本也有「林」這個姓氏，資料上倒是沒有顯示他是台灣人。

　　開店前店主已住在清澄白河 14 年，算是真正的在地人，店內擺放的眾多色彩圖案鮮豔滑板都是店主收藏，可以踩著滑板前往工作地點是他多年的心願。

ARiSE COFFEE ROASTERS	
地　　址	東京都江東區平野 1 ─ 13 ─ 8
營業時間	9：30 ～ 18：00（週一定休日）

ALLPRESS ROASTERY & CAFE TOKYO

　　說是愉悅進行著咖啡屋巡禮但咖啡胃畢竟有限，於是決定以位在前往「現代美術館」路上的「ALLPRESS ROASTERY & CAFE TOKYO（以下簡稱 ALLPRESS）」作為暫時終點。

　　咖啡好喝、烘焙專業、沖泡講究是美好咖啡屋必備條件，但咖啡屋之所以迷人，除了咖啡風味本身，獨特的咖啡時光時空同樣關鍵，較偏愛舒緩氣氛的 Milly 因此喜歡 ALLPRESS 多些。ALLPRESS 跟 Blue Bottle Coffee 同樣是外來咖啡連鎖店，不過來自紐西蘭的 ALLPRESS 起步謹慎也低調許多，位在清澄白河的一號店是他們的試金石，之後要視東京人接受狀況再決定下一步。

　　咖啡店依然是以木材倉庫改裝，不過似乎做了較大更動，整體明亮、簡約、洗練，除了倉庫特有高天井外，外觀或是內裝已經看不出昔日倉庫的影子。拼貼磁磚的簡約風開放吧台後

方，是以一大面玻璃牆隔間，放置高聳壯觀超大型烘焙機的強烈視覺感烘焙空間。

刻意設計的偏低開放式櫃檯內，先是一位日本女性吧台手熟練的沖調著咖啡飲品，之後一位金髮年輕男子加入，接著更有一位幹練模樣的西方女子，以相機不斷檢查著空間備置，由於這兩位金髮西方人的出現，咖啡店頓時變得益發國際化起來。

當日品嚐的咖啡拿鐵 480 日圓，以紐澳系統的玻璃杯方式端出，一口喝下熱度、奶泡和咖啡風味都很棒。

附近有東京都現代美術館和美術館前方綠意木場公園，所以買杯外帶咖啡到公園野餐、曬曬太陽也是一種選項。

ALLPRESS ROASTERY & CAFE TOKYO
地　　址　東京都江東區平野３－７－２
營業時間　週一～週五８：００～１７：００、週六週日９：００～
　　　　　１８：００（無休）

The Cream of the Crop Coffee

　　於渋谷站旁大型複合式商場「渋谷ヒカリエ」一樓遊晃，瞬間被吸引前往去喝杯咖啡的契機，不是咖啡香而是一隻狗，因為這品牌咖啡店的商標是一隻可愛狗狗。為什麼是一隻狗呢？在進一步探索這咖啡店特色之前，Milly 想先知道這疑問的答案。

　　首先知道這狗是老闆家愛犬名叫バーニーちゃん（班尼），不是貴賓狗，而是看起來像是西施犬的拉薩犬。據說班尼身上總是散發出咖啡香氣，喜歡睡在主人經常磨咖啡豆的桌子下方，於是在開設 The Cream of the Crop Coffee 品牌時，就將這有著咖啡香氣的狗狗當作商標。

　　前往清澄白河烘焙咖啡屋的主題巡禮時，原本也想去最早在清澄白河設立咖啡烘焙屋的 The Cream of the Crop Coffee，可惜當日因距離其他咖啡屋動線太遠而放棄。

　　The Cream of the Crop Coffee 是由比利時高級巧克力「Pierre Marcolini」所經營的烘焙咖啡品牌。Cream of the crop 是「最佳、極上」的意思，宣示這是間講究、追求最高品質的咖啡豆品牌。The Cream of the Crop Coffee 渋谷ヒカリエ分店在上午 8：00 開店，咖啡加上可頌的早餐是 500 日圓。咖啡講究一杯杯在 ORDER 後手沖，外帶紙杯和濾紙以玉米枝葉做成，頗為環保。

　　Milly 另外的私房推薦則是，渋谷ヒカリエ店限定的咖啡霜淇淋。據說這 420 日圓咖啡霜淇淋的咖啡風味，還是以高級精品咖啡豆「耶加雪菲」萃取，是咖啡專門店才得以實現的講究和奢侈。

The Cream of the Crop Coffee 渋谷ヒカリエ分店
地　　址　東京都渋谷区渋谷 2 － 21 － 1 渋谷ヒカリエ 1F
營業時間　8：00 ～ 21：00（無休）

Chapter 2

東京大人時光

　　從背包客開始踏出國門第一步，不知不覺中完成了不同層次的旅行進階，回過神來時已經隨口都是要去追尋「大人的味覺」、「大人的步調」和「大人的身段」的旅行風格。

　　在多年的旅行歷練後，的確是到了該以「大人旅」來收成美好的時候了。

　　要如何瑣瑣碎碎的去分析什麼是「大人旅」？說真心話，難免有些自信欠缺的疑惑。只是試圖將「大人旅」的雀躍化成文字，又容易陷入惹人竊笑的自我感覺良好。

　　即便如此，還是期望分享、樂於共感，畢竟很多時候明明美好的小確幸就在眼前，卻容易在紛亂的價值觀中錯過。

　　大人。

　　以中文的文面來說，未必能窺看到「純熟」涵意。

　　大人，不單單年齡上界定的大人，更關乎於「態度」、「氣度」和「深度」，屬於精神面純熟。

　　大人旅，大人的旅行。帶著純熟心境的大人旅途，是擁有搔動「知的好奇心」的雀躍，是懂得熟練度過旅途的「空白時間」，可以體會什麼是「緩慢卻充實」的境界，明白消費上的取決是出自「品味嗜好」的選擇，而不是「只能這樣」或是「人云亦云」。

　　一旦意識到可以從容邁入「大人旅」時，有如最初開始動念出發旅行一樣的躍躍欲試。

　　未必要追求所謂的「BEST TRAVEL」，能更自在尋求適合自己的「BETTER TRAVEL」已然滿足。

　　然後，當游刃有餘的愉悅在大人旅的同時，或許「大人旅」這專有名詞，就會在心中和意識中消失退去。

　　真正的大人旅是毋須定義的。

　　只在享受。

從淺草搭船前往「台場ホテル グランパシフィック LE DAIBA」

　　房間可以眺望東京灣的ホテル　グランパシフィック LE DAIBA（台場格蘭太平洋大酒店），飯店入口跟ゆりかもめ台場站南口直通，不用說，最便捷的前往方式自然是從 JR 新橋站轉搭東京臨海新交通臨海線。但是如果前一站住宿在淺草，就何妨換一種更棒的前往方式，選在黃昏暮色低垂之前，從淺草帶著行李搭乘遊覽觀光船，利用水路觀賞著暮色中岸上的晴空塔、穿越夜色中的彩虹大橋，悠悠然然的到達「お台場海浜公園」碼頭，之後再從碼頭花個 10 分鐘走去台場格蘭太平洋大酒店。

　　如此原本習以為常的移動，就得以增添浪漫氣氛。高級觀光飯店「台場格蘭太平洋大酒店」的房間普遍寬敞，歐風家具配置和配色不失品味。

　　最人氣預約是可以看見彩虹大橋和東京鐵塔的房型，不過即使房間小小的遺憾不能看見期望景致，只要走去 HOTEL 旁

的公園步道，同樣可以觀賞到不同光線下，都會港灣浪漫氣息
中的彩虹大橋風景。

　　要不就是早餐選擇在 30 樓餐廳享用，運氣好時不但可以
一邊吃早餐一邊觀賞彩虹大橋，甚至還可以遠眺東京鐵塔、晴
空塔、富士山。

ホテル グランパシフィック LE DAIBA

http://www.grandpacific.jp

夜景增添台場 bills 晚餐美味

　　在東京表參道、鎌倉海岸邊，吃了多次來自澳洲雪梨號稱世界最美味的 bills 早餐後，初次的 bills 晚餐趁著住宿在「台場格蘭太平洋大酒店」，選擇在可以看見東京灣、彩虹大橋夜景的 bills 台場分店。

　　即使別桌客人還是絕大多數點了全天供應的大人氣早餐鬆餅，Milly 則堅持鬆餅應該在明亮的陽光中享用，點上柔和燈光的晚間，還是適合來杯酒，吃些熟食料理。

　　在店員的建議下選了杯粉紅氣泡酒 Rose 配上鮮魚料理，首次嘗試 bills 鬆餅早餐以外的餐食，以為水準還不錯，但是就沒有首次吃 bills 鬆餅時的驚豔，以這樣的感想下結論，自己都以為很微妙。

　　晚餐不想花腦筋點餐，菜單也有 5000 日圓包含前菜、主食和甜品的晚餐套餐。此外可以留意的是，bills 早餐、午餐

時間不開放預約，下午 16：00 後包含晚餐時段則提供網路預約，菜單暫時只有日文和英文，擔心點餐不純熟的人建議可以先上網研究。

　　位在台場「デックス東京ビーチ シーサイドモール（DECKS Tokyo Beach Sea Side Mall）」三樓的 bills，整體依然沿續該店慣有的白色基調，配置有書架、沙發、綠色植物的空間概念，是希望客人如同待在自家客廳一樣舒適。

bills お台場

地　　　址　東京都港区台場１－６－１デックス東京ビーチ　　　　　　　シーサイドモール 3F
營業時間　週一〜週五９：00〜23：00、週六週日８：　　　　　　　00〜23：00（不定休）

大人旅選擇：
風味築地早餐 or
東京站小奢華早餐

　　住宿在台場格蘭太平洋大酒店可享用飯店高層餐廳自助早餐，或是搭乘東京臨海新交通臨海線在汐留站下車，路經「浜離宮恩賜庭園」走去其實距離不算太遠的「築地市場」，以生魚海鮮蓋飯、人氣壽司、老舖拉麵作為風味早餐，也是大人旅的聰慧選擇。

立ち喰い寿司 すし処おかめ

　　築地市場清早開始便有豐富美食可供選擇，每回前去都是食慾旺盛、興致高揚。

　　只是這日已經有些吃膩了豪華生魚海鮮蓋飯，又不想費時排隊吃人氣壽司套餐。於是改為嘗試中年師傅默默為客人捏著壽司的立食壽司小舖「立ち喰い寿司 すし処おかめ」，輕

鬆簡單的享用了五貫堪稱手藝、風味都極有水準的壽司，結帳
下來居然是 600 日圓有找。這裡一貫壽司的價位從 100 日圓～
400 日圓不等，此外 1000 日圓包含鮪魚肚的「まぐろづくし
（鮪魚全餐）」更是超級划算。

　　即使位在觀光客往來頻繁、面向新大橋通的築地場外市
場入口處，櫃檯只能站立四～五人的「立ち喰い寿司　すし処
おかめ」顯得格外的低調，正因如此，Milly 才會前來築地多
次，在這之前卻是完全視而不見。

　　怎知一旦吃了「おかめ」壽司，卻至今都莫名地懷念著那
滋味，期待能早日再站在小小的櫃檯前，盤算著這回一定要更
盡情的享用。

▌立ち喰い寿司 すし処おかめ

▌地　　址　東京都中央区築地４－８－７
▌營業時間　05：30 ～ 14：00（市場休市日不營業）

Turret COFFEE

　　吃了恰恰好分量的築地市場壽司早餐後，意猶未盡的通過築地 4 丁目交差點斑馬線，在搭乘地鐵繼續東京漫步前，來到位在日比谷線築地站 2 出口旁，不起眼巷道內私藏的個性咖啡屋「Turret COFFEE」，喝杯用和風小酒杯端上的濃縮咖啡，配上印有 Turret 烙印的甜蜜銅鑼燒。

　　「Turret」字義是在築地市場穿梭的移動台車，Turret COFFEE 的空間不大卻擺放了一台貨真價實的 Turret 台車，只是台車上放的不是漁獲海鮮而是咖啡豆麻袋。

　　店主曾在世界極限拉花冠軍好手澤田洋史開設的咖啡店工作，店內使用的咖啡豆、咖啡道具也都是來自澤田洋史

的「STREAMER COFFEE COMPANY」，正因如此，Turret COFFEE 的咖啡不但具備值得期待的專業風味，在喝以印有台車圖案杯子端上的熱拿鐵時，那好功夫的拿鐵拉花也是鑑賞的項目之一。

　　有著如此美味又專業的咖啡屋存在於前去築地市場的路上，讓前往築地市場吃早餐的愉悅更加確實。築地早餐加上 Turret COFFEE 咖啡，是 Milly 這幾年來樂此不疲的幸福組合。

Turret COFFEE
地　　址　東京都中央区築地 2 － 12 － 6 SK 東銀座ビル 1F
營業時間　週一～週六 7：00 ～ 18：00、週日假日 10：00 ～ 18：00

東京車站 HOTEL THE LOBBY LOUNGE

　　在幸福早餐風潮正旺的東京，早餐選擇比起以往更加的多樣且豐富，加上 Milly 原本就不是甘願天天享用同樣飯店自助早餐的愛吃鬼，因此有時寧願放棄預約包含的飯店早餐，也要專程搭車去尋覓美味的早餐據點。

　　從台場飯店離開，搭乘東京臨海新交通臨海線在新橋下車，接著搭乘 JR 前往東京車站，選擇位在東京車站 HOTEL（東京ステーションホテル）一樓，將原有候車室華麗變身的「THE LOBBY LOUNGE」咖啡屋，享用於上午 8 點～ 10 點供應的平日限定豪華早餐。

　　這份在空間彷如皇室貴族接待廳內享用的 2200 日圓早餐套餐，包含有放入明蝦、燻鮭魚的青菜沙拉、法式鹹派、火腿拼盤、煙燻起司、自家製麵包和酸奶優格、咖啡，面對這樣精

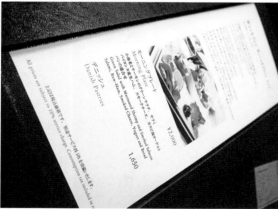

緻的早餐，自然而然就優雅了起來，也因此得以營造出旅途中
絕佳的非日常早餐氣氛。Milly 曾經一償宿願，預約住宿在憧
憬的、可以俯瞰東京車站拱型圓頂大廳的東京車站 HOTEL 房
間，當時早餐選擇在住宿客人限定的東京車站尖塔下、陽光透
亮的「The Atrium」餐廳。

　　再次一人預約住宿東京車站 HOTEL 的小奢華不能過分預
期，但是偶然這樣來到東京車站 HOTEL 一樓對外開放的咖啡
屋，在華麗的水晶燈下享用含有同樣尊榮意味的小奢華早餐，
則是容易掌握的幸福。

THE LOBBY LOUNGE

地　　　址　東京都千代田区丸の内１－９－１東京ステーショ
　　　　　　ンホテル 1F
營業時間　週一～週五 8：00～22：00、週六 10：00～
　　　　　　22：00、週日假日 10：00～20：00

大人旅選擇：
二子玉川手工啤酒午餐 or
六本木酒莊午餐

iBEER LE SUN PALM

被東京人愛稱為「フタコ（futako）」、「ニコタマ (nifutako)」的都心衛星城市「二子玉川」，從渋谷搭乘電車前去不過 15 分鐘，卻能在擁有大型消費設施的同時，也能擁有豐富綠意的自然風景。

作為憧憬住宅商圈的二子玉川，曾經被冷落了好一段時間，近日卻經常被日本媒體提及，有著再次跟吉祥寺奪取東京人最嚮往居住區域頭銜的氣勢。

造成人氣再起的主要關鍵是大型複合商業施設「二子玉川ライズ（RISE）」的持續更新，以及由號稱東京最美的書店「蔦屋書店」規劃的「蔦屋家電」進駐。

「蔦屋家電」雖是以家電作為商販區隔，實際前去會發現主體還是書店格局，只是企圖以 book 和咖啡屋營造出的舒適氣氛來提示美好生活樣式，讓人們置身其中得以體驗達人嚴選的品味家電、園藝、家具、餐櫥道具等的質感和價值。「蔦屋家電」無疑是蔦屋書店又一個奪得好評的延伸，至少穿梭在其間，很簡單地就充滿著幸福感，然後忍不住幻想起，如果能住在二子玉川成為二子玉川的居民多好。

好消息是，即便是要當二子玉川居民的願望難以實現，2015 年 9 月開張位在車站旁的「二子玉川 エクセル ホテル東急」，則可以作為實現二子玉川「微住遊」的選擇。

太喜歡「蔦屋家電」充滿植物的綠意角落「SOLSO HOME」，於是在面對這片綠意盎然的有機咖啡屋「GOOD

MEALS SHOP」，買了稱為「アイスキャンディ（冰菓）」的自然食材冰棒，藉此延長滯留在這空間的時光。

　　近日日本盛行的手工精釀啤酒（クラフトビール），在GOOD MEALS SHOP 也可以喝到，不過當日出發前已經決定午餐要前去新開張的「iBEER LE SUN PALM」，除了喝手工啤酒外，還希望能吃到開張限定的龍蝦披薩。

　　可惜在蔦屋家電停滯時間超出預期，來到 iBEER LE SUN PALM 時，那將一整隻龍蝦放在餅皮上的披薩早已沒了，好在之後點的柑桔風味手工精釀啤酒，以及和風食材披薩都是預期中的美味。

　　非常喜歡 iBEER LE SUN PALM 高挑開放的空間感，據知店舖規劃設計是假想將美國南方舊倉庫，改裝成女子愉悅用餐的聚會場所。iBEER LE SUN PALM 店內經常維持有 10 種以上不同口味的手工精釀啤酒（CRAFT BEER），即使不是那麼偏好喝啤酒的女子，也可以選擇水果風味啤酒來嘗試品味。

iBEER LE SUN PALM

地　　　址　東京都世田谷区玉川 2 － 21 － 1 二子玉川ライズ・ショッピングセンター・タウンフロント 1 階

營業時間　10：00 ～ 23：00（無休）

Château Mercian Tokyo Guest Bar

　可從地鐵「六本木一丁目站」直通前往的「アークヒルズ サウスタワー（ARK HILLS SOUTH TOWER）」，是 Milly 繼 東京站前新丸大樓（新丸ビル）後最偏愛的東京覓食地帶。

　ARK HILLS SOUTH TOWER 餐廳選擇不多卻特色各異， 每間餐廳的特惠美味商業午餐都想嘗試一遍。此外在自然系 超市「福島屋」除了可以買到生產履歷透明的日本國產蔬果、 鮮魚、肉類外，店內還有販售多達 450 種以上自然派酒品的酒 店「THE CELLAR Roppongi」和可以喝到精品咖啡的「BE A GOOD NEIGHBOR COFFEE KIOSK」。

　午餐時間前去可以混在六本木商業大樓的菁英上班族之 間，一起在福島屋選購外帶午餐餐盒。

　Milly 首次前去 ARK HILLS SOUTH TOWER 是衝著風 潮中的熟成肉，準時進入「肉屋 格之進 F」店內，點了超值

美味的「碳烤熟成牛排蓋飯」配上午餐特惠紅酒。當口中帶著熟成肉醇厚甜美肉汁餘韻，飽足午餐準備離開 ARK HILLS SOUTH TOWER 時，無意瞥見入口邊上一間熟悉酒莊開的餐廳「Château Mercian Tokyo Guest Bar」，1050 日圓的商業午餐還附上該品牌餐酒一杯，頓時大大動心。可是卻已經沒有食慾可以消受，於是當再次有機會來到 ARK HILLS SOUTH TOWER 享用午餐時，就毫不猶豫地選擇在山梨勝沼酒莊直營的「Château Mercian Tokyo Guest Bar」用餐。

當豬肉午餐套餐隨著粉色 Château Mercian 餐酒「長野のあわ」一起端上時，還真有些莫名的興奮感，畢竟這可是在東京市區由郊區酒莊直營的用餐空間呢。

Château Mercian 是日本第一間葡萄酒釀造酒廠，1877 年開始種植葡萄，1949 年開始生產第一瓶酒。知道這個日本酒廠是透過漫畫《神之雫》第 18 冊，漫畫中形容 Château Mercian 酒莊的「甲州黃色香（甲州きいろ香）」擁有如同幸福青鳥般的幸福滋味。

Château Mercian Tokyo Guest Bar
地　　　址　東京都港区六本木１－４－５アークヒルズサウスタワー B1F
營業時間　11：00 ～ 23：00

大人旅選擇：
百歲咖啡戰士的琥珀女王 or
銀座偶然咖啡屋

TORIBA COFFEE

　　走在銀座突然下起陣雨，為了躲雨來到偶然通過位在花椿通上的「TORIBA COFFEE」。

　　被吸引進入的原因除了外觀氣勢如同品牌精品店，也是因為店前放置的「Coffee 100 円」立牌。

　　半信半疑地點了杯店家號稱選自世界高級咖啡豆現場沖泡的 100 日圓精品咖啡，嗯～還真不錯喝呢！這杯品質透露出專業的黑咖啡不但好喝，「TORIBA COFFEE」店內裝潢也是銀座規格。天井高挑店內空間設有販售咖啡豆、咖啡周邊道具的櫃檯，在櫃檯兩側擺設著古董咖啡器具以及站位咖啡試飲區。

精品咖啡以這樣顛覆常理的價位
提供，自然是帶著「試飲」意味，喝了
好喝可以直接在店頭購買，喝了不買，
店員一樣和顏悅色。現場所見還有貌似
附近上班族的男女，特別繞過來買杯
100 日圓外帶咖啡回去。

　　在點百元咖啡時，Milly 瞥見一旁
點心盤上居然放著傳聞不易買到、幾乎
每天光是預約就已經販售一空，烙印著
「空」字包入豆沙餡的和風點心「最中
空也（空也の最中）」，於是又追加了
300 日圓買一個配著咖啡享用。老舖和
菓子＋頂級精品咖啡=400 日圓，真是
超值組合。店內每天供應點心不一樣，
基本上都以銀座名店為主。

　　2014 年 4 月 開 張 的 TORIBA
COFFEE 全名是「TORIBA COFFEE ～
Boutique Coffee Roaster」，開業當時被
媒體稱為是咖啡界的「新業態」。在
銀座精華地段坐擁獨棟建築的 TORIBA
COFFEE 三 樓， 是 跟 咖 啡 機 LA
CIMBALI M100 合作的咖啡研究室，
二樓是專業咖啡豆烘焙工房，一樓每日
有 6 種以上的咖啡豆販賣和試飲，其中
包括該公司自家咖啡農園的夏威夷咖
啡豆，地下室則是完備的咖啡生豆儲存
空間。

TORIBA COFFEE

地　　　址　東京都中央区銀座 7 － 8 － 13 Brown Place 1F
營業時間　週一～週五 11：00 ～ 21：00、週六週日 11：
　　　　　　00 ～ 19：00

CAFE DE L'AMBRE

漫步銀座到 8 丁目巷弄間時，總會不自主地就往 1948 年創業的咖啡店老舖「カフェ・ド・ランブル /CAFE DE L'AMBRE」走去，即使不喝杯咖啡也想確認咖啡屋依然建在。

那日如同往常的走進 CAFE DE L'AMBRE 想回味那杯該店特色的「琥珀女王（琥珀の女王）」，超級開心的是居然終於見到 CAFE DE L'AMBRE 鎮店之寶，儼然已經是咖啡界國寶級存在的初代店主關口一郎先生。關口先生坐在入口處門邊堆滿文件、道具的辦公室，看似正閉目養神中。

這位百歲咖啡老戰士（2014 年時關口先生滿百歲）依然處在「現役」狀態，每週還是會監督烘豆狀態，不過據悉現在店務已經交給外甥掌理。

　　很想問候老先生表達敬意，但又怕因此冒失且無禮的打擾了老先生，於是暫且按捺住興奮的心情，在彷如時光停滯、仍然保有昭和風情的咖啡座找了位置坐下，同時依舊點了那喝幾次都不嫌膩，在濃郁咖啡淋上一層煉乳的經典冰品咖啡「琥珀女王」。

　　謹慎拿起以酒杯端出的「琥珀女王」淺酌，迴繞在口中的依然是讓人迷醉的風味，除了那滋味讓人留戀，Milly 也喜歡凝視著這杯「琥珀女王」放在歲月斑駁的桌上模樣。

　　單單是喝杯「琥珀女王」又巧遇看見關口先生已經格外開心，怎知在準備付帳時瞥見辦公室內的老先生居然醒來了。於是鼓起勇氣詢問：「可以幫您拍照嗎？」

　　關口先生非常親切地點頭，還問：「不去門口可以嗎？」原來老先生很體貼的提議，或許可以出去店頭合影。當然不敢如此勞動老先生，立刻說坐著就好。就是這樣，終於如願拍下在 Milly 心中永恆不變的咖啡店偶像關口先生，興奮之情更是久久無法平息。

　　CAFE DE L'AMBRE 在招牌上驕傲的寫著「珈琲だけの店（COFFEE ONLY）」，從 1948 年開店至今，即使歷經戰爭，店面也曾遷移，但是關口先生沒有一日離開過咖啡烘焙的崗位，日日致力於鑽研如何讓咖啡更美味的技術。

▍CAFE DE L'AMBRE
地　　　址　　東京都中央区銀座 8 － 10 － 15SBM BLDG 1F
營業時間　　12：00 ～ 22：00（週日假日～ 19：00）

大人旅選擇：
超市美酒餐廳 or
銀座生日微醺

Le Bar a Vin 52

　　都會超市「成城石井」多位在車站旁或是車站內，經常往返日本旅行的人應該都在這超市採買過。「成城石井」規模通常不會太大，採買自世界各地的貨品卻排得滿滿的，樣式選擇也很豐富。據知初期「成城石井」走的是高級超市路線，設置地點也多集中在富裕層居住的高級住宅區。近年被海外公司併

購後營業方針做了改變，分店開始更集中在車站周邊，商品項目也平價許多。

　　超市名稱「成城石井」的緣由，是因企業從位在小田急「成城　園前站」水果店起家，社長家的姓氏是「石井」，於是超市就叫做「成城石井」。獲知熟悉超市居然在原本就頗偏愛的麻布十番站前商店街開起店名為「Le Bar a Vin 52」的餐廳，還是可以喝到實惠好酒的歐風酒館餐廳，自然會好奇的想去一探究竟。

　　「Le Bar a Vin 52」餐廳名含意是，一年 52 週在日常中也可以享用嚴選美味料理和精選醇酒。餐廳特色自然是企圖展現超市「成城石井」長年累積的採購實力，首先品質掛保證的酒類會以合理價位提供，點餐後現切生火腿和長期熟成起司，更是因「成城石井」多年來於世界各地採購高級食材的信譽，才能保證提供的絕佳風味。不單是生火腿、起司、魚子醬、鵝肝醬同樣一應俱全，如此客人在餐廳享用了「成城石井」進口食材調理的美食和精選的美酒後，便有了將這美味沿續到家中的意念，進而動心前去樓下「成城石井」超市採買。

　　Milly 是一個人，於是被安排到櫃檯座位，櫃檯上

放著一長列漂亮的瓶裝酒更增添了喝酒氣氛。Le Bar a Vin 52
店內經常有超過 120 種以上店長嚴選推薦的瓶裝酒，杯酒的選
擇也很豐富。當晚點了推薦紅酒，第一道下酒菜則選擇了以
「成城石井」生火腿裏上新鮮草莓的季節限定前菜。略帶鹹味
和油脂的生火腿配上多汁鮮甜草莓意外的非常對味，沾著淋上
的義大利黑醋又是另一種層次的風味。

　　用餐人數較多時建議可點份該店招牌的生火腿什錦拼盤，
此外開瓶酒大家一起暢飲也划算得多。

Le Bar a Vin 52

地　　　址　東京都港区麻布十番２－２－10 麻布十番スクエア 2F
營業時間　午餐 11：30 ～ 14：00、晚餐 17：00 ～ 23：00
　　　　　（週五～凌晨 4：00、週六週日～ 22：00）

銀座でワイン

　　以為真的沒有比這間都會醇酒餐廳更貼切的店名了，開
在銀座以愉悅喝酒為主題的餐廳，於是取名為「銀座でワイン
（在銀座喝酒）」，光是看了餐廳名稱已經躍躍欲試。

　　知道這餐廳的存在，看了以一整面酒作為隔間的餐廳圖片
介紹，就一直在心裡唸著「一定要去」、「一定要去！」，甚
至以此邀約朋友一起前去東京，誘惑她們一起在「銀座でワイ
ン」盡情暢飲。可惜遲遲湊不到好時機，直到那回剛好預約了
距離「銀座でワイン」步行 30 秒距離的「ソラリア西鉄ホテル
銀座（solaria nishitetsu hotel ginza）」，確保一個人即使喝醉也
可以安全回到房間的路徑。

　　同時更完美的是住宿的晚上還是 Milly 生日，有了即使一
個人也要去慶賀一下的充分理由。

　　「銀座でワイン」完全是為了愛喝酒的人存在的餐廳，高
挑寬敞店內有著震撼視覺的酒棚，酒棚架上一排排放滿著將近

500 種以上，來自世界各地的紅白酒、氣泡酒、香檳，工作人員中有衣襟上掛有認證胸章的仕酒師。

　　更重要的是，來到這裡用餐的人，幾乎都是帶著今晚要開懷暢飲的興致，於是放眼看去大家都一臉歡愉的喝著酒吃美食，繼續舉杯繼續吃美食。餐廳籠罩在歡樂的熱氣中，工作人員也意氣洋洋的在桌邊開瓶、試酒、倒酒。

　　在這樣氣氛下很難不也跟著開懷喝了起來，Milly 當晚即使是自己給自己慶生，一樣連喝了氣泡酒、紅酒和白酒，一個多小時後踏著如同踩在棉花糖般的微醺步伐，回到一旁的「ソラリア西鉄ホテル銀座」HOTEL。

　　「銀座でワイン」不但是酒類豐富，更有著讓饕客滿足的料理，尤其是選擇多樣的碳烤串燒更是推薦。「銀座でワイン」的碳烤串燒形式偏向西方 BBQ，但講究的使用了日式串燒店的備長炭，因此可以呈現火候道地又不失纖細的風味。

銀座でワイン
地　　址　東京都中央区銀座３－９－６マトリックスビル 2F
營業時間　17：00 ～ 04：00、週日～ 17：00 ～ 23：00

大人旅選擇：
奧神樂坂 or 奧渋谷

　　走得愈新愈裡面，就愈是東京達人？雖然未必是定論，但至少當一次次的往返東京時，自然就會愈走愈裡面、愈來愈對新趨勢好奇。

　　不是官方的行政劃分，1985～2000 年間形成的「裏原宿」是東京最早被提及的消費群組分割區域，近日則開始耳聞「奧渋谷」、「奧神樂坂」也逐漸定型。「奧」也好、「裏」也好，形成背景多數是因鬧區邊緣巷弄內，可以較低租金和成本來發展出更具創意、實驗性和挑戰的商業空間。

奧渋谷

　　日本年輕人膩稱「奧渋谷」為奧渋（オクシブ）或是ウラシブ，以簡明角度分野就是這區跟印象中的渋谷不一樣，是大人的渋谷、沉穩的渋谷，但同時傳遞著質感風潮的區域。

「奧渋谷」大致範圍是從 109、渋谷東急百貨旁邊小路往北走的「神山町」、「富ヶ谷」周邊，在這區間內分布著不少低調同時具有品味的精品店、人文書店和餐廳、咖啡屋、小酒館。

這樣區域多是自然形成，絕不是財團主導的「都更」、「再開發」，背後甚至有些個性商店對抗鬧區大資本商家的叛逆心態，企圖在世界品牌制式化下，引領中小眾化的另類選擇。

有趣的是網路上還大膽定義，這裡不是迎合女子追求美好生活消費情緒的區域，而是吸引著 30 ～ 40 歲世代男性來此探險，滋養消費者對於服飾、餐飲、咖啡、淺酌或是閱讀等興趣的地方。從喧鬧渋谷站走去約 10 多分鐘，更建議的路徑是從地鐵代代木公園站下車，從小站安靜區域慢慢走向熱鬧大站周邊。

奧渋谷最常被美食情報推薦的餐廳有法國食堂「ピニョン（Pignon）」，和由明治期間創業鮮魚舖「魚力」經營的定食屋「魚力」。

Milly 個人推薦的則是一間與出版社共存的都會精品書店「SHIBUYA PUBLISHING BOOKSELLERS」，以及來自挪威的歐式懷舊風咖啡屋「FUGLEN TOKYO」。

SHIBUYA PUBLISHING BOOKSELLERS

　　SHIBUYA PUBLISHING BOOKSELLERS（簡稱 SPBS）
於 2008 年開店，書店規劃、選書主題是「本のある暮らし
（有書本的生活）」，店內擺放著書店以獨立觀點選擇的新
書、洋書、雜誌、繪本、二手書和文具。

　　在暮色中走過這書店，不由得被書店玻璃大窗泛出的溫柔
燈光給吸引，就這樣不自覺的就走了進去，愉悅的伸手拿起擺
在這書店內看起來格外美麗的書本。

　　正忘情在書本和雜貨瀏覽時，突然瞥見隔著玻璃隔間的另
一端，居然有著數名穿著有型的年輕男女看似正努力工作著，

一瞬間以為是幻影（笑），再仔細看看果然是辦公室模樣的空間。後來查看資料才確認這工作空間是出版社，「在這裡製作書籍、雜誌，在這裡販售」是該書店的另一個方針。

「SHIBUYA PUBLISHING BOOKSELLERS」在書店內會不定期開設主題展覽和演講、講座，書店週一～週六營業到深夜晚上 12 點，更是讓東京文化潮人擁護的主因之一。

SHIBUYA PUBLISHING BOOKSELLERS
http://www.shibuyabooks.net

FUGLEN TOKYO

FUGLEN Tokyo 位在奧渋谷接近代代木公園地鐵站的巷弄街角,是 1963 年創業於挪威奧斯陸的「FUGLEN」咖啡屋,在海外開設的第一間分店。

「FUGLEN」咖啡屋曾被《紐約時報》稱為是值得搭乘飛機前往奧斯陸專程去喝他們咖啡的咖啡屋,因此當 FUGLEN Tokyo 開店時,的確引起了很大的話題,受到媒體諸多的報導。

選在浪潮已些許退散的午後前去,驚訝於這咖啡屋的一派悠閒自在,感覺像是沒有架子的紳士一般。

FUGLEN Tokyo 不但是將本店的咖啡風味、沖泡專業完全複製在這東京分店,連帶著 50、60 年代懷舊風的裝潢、家具、擺設,也完完全全是北歐挪威風格,加上咖啡櫃檯愉悅談笑的外籍人士,就更讓人彷彿是置身在北歐實境的咖啡館中。

這間咖啡屋不但提供了挪威的家具、擺設販售,提供了咖啡消耗大國挪威的專業咖啡風味,更是提供了挪威步調的時光流動。

　　選了門口邊上的粗棉共用沙發座坐下，喝著熱呼呼的美味咖啡，耳邊無意識聽著流洩的音樂，翻閱著店內放置的雜誌，頓時又感覺彷彿置身於品味的家居中。

　　尤其是當暮色漸漸低垂，店員開啟店內昏黃的燈光時，那得以全然放鬆的氛圍，更是舒適到讓人不捨得離開，甚至開始盤算著如果可以住在這區附近 HOTEL、如果下回可以來吃早餐、如果下回可以在晚間前來體驗從咖啡屋模式轉換為 BAR 模式的「FUGLEN Tokyo」……美好的咖啡屋容易讓人眷戀也容易貪心起來。

FUGLEN Tokyo

地　　址　東京都渋谷区富ケ谷 1 － 16 － 11 1F
營業時間　週一、週二 8：00 ～ 22：00、週三、週四 8：00 ～
　　　　　凌晨 1：00、週五 8：00 ～凌晨 2：00、週六 10：
　　　　　00 ～凌晨 2：00、週日 10：00 ～凌晨 1：00

奧神樂坂

　　以往遊晃神樂坂多是從 JR 飯田橋下車，之後沿著神樂坂通順著坡道一路往上，逛逛兩旁商家或是穿入風味石板小路找間咖啡屋小歇，在古民家改建餐廳午餐，有時也會選在黃昏時分，找間情緒食堂來個入夜前的小酌。

　　但是自從地鐵「神楽坂」站前由新潮社倉庫改造的「la kagu」帶起話題後，Milly 也被大量情報資訊鼓動，開始好奇這以「神楽坂上の交差点」街口為起點，一直延伸到地鐵「神楽坂」站周邊的「奧神樂坂」區域。

　　除了帶起該區風潮的「la kagu」之外，「奧神樂坂」備受注目的據點還有境內居然規劃有可以吃到神酒冰沙的咖啡屋，由建築大師隈研吾設計公寓的「赤城神社」，販售兼顧機能美的作家器皿和日本工藝品的「神樂坂 暮らす。」和可以愉悅喝杯酒的小酒館「La Tache」等等。

la kagu（ラカグ）

　　外觀搶眼，有著長長階梯、木製廣場的「la kagu」，從「神樂坂站」A2 出口（矢来口）走去只要一分鐘。以「衣食住

＋知」為企劃主題的複合設施「la kagu」，原址本是新潮社大型舊倉庫，由建築大師隈研吾設計改裝於2014年10月10日開業。

「la kagu」一樓女性服飾和咖啡屋空間，不定期也會舉行自然農業市集「Farmer's Market」等活動。二樓是男性服飾、書本展示空間、野外活動道具、家具店和講座場地。

一樓完全無隔間的開放格局咖啡屋料理，是由鎌倉人氣食材店「LONGTRACK FOODS」規劃，採用的咖啡豆則同樣是鎌倉名店「café vivement dimanche」為「la kagu」特別烘焙的咖啡豆。

菜單做成像是海外刊物樣式，LUNCH MENU 上最人氣的是有四種口味自家製香腸、十種不同醬料選擇搭配的熱狗麵包餐。

想吃得飽足些還有配上法式薯條的烤雞肉，想點杯紅、白酒午後淺酌，則可以選擇義大利生火腿拼盤，午後前來更可以點份甜蜜蜜的法國土司，喝杯濃醇好咖啡。

整體空間明亮寬敞，主體色是白色配上工業風金屬配管，陽光大好日子前來格外舒適愉快，但是在雨天前來選擇窗邊座位坐下，看著窗外雨中綠意發呆，卻是意外有被周邊風景療癒的情緒。

la kagu

地　　址　東京都新宿区矢来町67
營業時間　08：00 ～ 21：00（不定休）

かもめブックス（海鷗書店）

　　每當出版新書時，Milly最掛心的未必是銷量而是「有沒有錯字」、「有沒有筆誤」，因為即使多麼認真校對，總是會在意想不到的地方，出現意想不到的錯誤。所以當知道位在「la kagu」旁邊的書店「かもめブックス（海鷗書店）」，背後關鍵人物居然是校對公司「鴎來堂」老闆時，就更加對這書店充滿了興趣和敬意。

　　海鷗書店前身原本也是間社區書店「文鳥堂書店」，可是經營不善，在2014年宣告關店，校對公司老闆柳下先生見到公司旁書店鐵捲門貼上關店告示，深感在網路氾濫世代中，社區如再失去一間老書店是很遺憾的，於是決定將這書店接手下來。之後在不定期舉行活動、展覽，賦予不同文化傳遞的概念下，將書店繼續經營同時改名為「かもめブックス」。

　　「かもめブックス（海鷗書店）」跟「かもめ食堂（海鷗食堂）」有什麼關連？如有關連一定很棒，可惜其實沒有關連，

實際上有關連的是柳下先生校對公司「鴎来堂」的鴎，本就是日文「海鷗」的意思。

　　讓 Milly 對這書店好感度直線上升的另一個要因是，在書店附設小小咖啡屋「All Right」，居然可以喝到以京都自家焙煎咖啡店「WEEKENDERS COFFEE」咖啡豆沖泡的咖啡。

　　天氣好時書店外會擺設桌椅，讓客人享受露天座的悠然。

　　除了咖啡飲品外，店內供應有輕食、甜品和酒精飲料，其中由神樂坂糕餅舖「ACHO」烘焙的手工布丁，更是晚些前來就銷售一空的人氣點心。這布丁除單吃外也可以變成早午餐的一部分，將布丁抹在早餐土司上享用，是別有著創意又意外的讓人上癮的吃法。

かもめブックス

地　　　址　　東京都新宿区矢来町 123 第一矢来ビル 1F
營業時間　　週一 ～ 週六 10：00 ～ 20：00、週日 11：00 ～
　　　　　　20：00（不定休）

消費東京高架橋下愉悅時空

　　東京都內ガード下（東京都內高架橋下），看到這字樣原本難有什麼愉悅聯想，只是總能帶動潮流、開闢商機的東京，卻在這幾年透過都市發展案，將原本幽暗不潔印象的秋葉原、御茶之水、御徒町站區間鐵道高架橋下，陸續改造為讓人眼睛一亮的新風貌複合設施。

　　三個利用鐵道高架橋下閒置空間精采變身的複合式商業設施，以三角對立的位置坐落，彼此連結的徒步距離也不至於太吃力。Milly 選擇先從秋葉原花個 4 分鐘走到位在中央本線鐵道高架橋下，將紅磚瓦百年歷史舊萬世橋站高架橋改建，擁有 11 間店舖的商業設施「mAAch ecute 神田萬世橋」。據知氣派建築的舊萬世橋站的設計建造，跟東京站同樣是建築大師「辰野金吾」。

　　之後轉進去探訪位在秋葉原站、御徒町站之間，山手線鐵道高架橋下，以手作職人工房、雜貨店和餐廳構成的「2k540 AKI-OKA ARTISAN 設計職人街」。「2k540」字樣原來是套用鐵道用語說法，顯示這個場所與東京車站的距離。最後沿著高架橋旁道路，朝向秋葉原車站方向走個 10 分鐘左右，來到以「食文化の街」為主題，原址是神田青果市場的「CHABARA AKI- OKA MARCHE」。

　　東京鐵道、公路高架橋下方，以往多數被利用作為停放自行車、車輛的停車場，設置有餐廳、居酒屋的高架橋也不少見。尤其是靠近神田、有樂町鐵道高架橋下的各式飲酒暢談餐廳，更是東京上班族下班後聚餐的美食天國。至於將高架橋下空間規劃成為商業設施，則不過是近三、四年的潮流。

mAAch ecute 神田萬世橋

　　行走在「mAAch ecute 神田萬世橋」長型延展的建築中，印象深刻的勢必是空間內經由原始拱型橋墩，呈現出的高挑天井和店家與店家連結的拱門。本是阻礙空間順暢的高架橋墩，在巧妙設計下卻能展現出復古的典雅風情。非常喜歡一路走著腳踩在古材木質地板的感覺和腳步聲，也很喜歡兩旁裸露斑駁痕跡的牆面和天井微妙的圓弧模樣。

　　「mAAch ecute 神田萬世橋」內有北歐家飾店、服飾店「haluta」、啤酒屋「常陸野ブルーイング・ラボ」、販售國內外酒品的「VINOSITY domi」、歐風酒館「Chef's Kitchen Studio『#51』」、咖啡第三波潮流模式的精品咖啡店「OBSCURA COFFEE ROASTERS」、拉麵店「むぎとオリーブ」和「創作海鮮 BAR『駿河屋賀兵衛』」等等。

> mAAch ecute 神田萬世橋
> http://www.maach-ecute.jp

フクモリ

　　中午在「フクモリ」可以吃到每天更動，經由山形縣湯の浜「亀や」、天童温泉「滝の湯」、かみのやま温泉「葉山舘」三間旅館大廚規劃的午餐定食，晚上則可以山形釀造的地酒，搭配以山形食材烹煮的美味佳餚。其中以百分之百山形牛調理的漢堡排，是人氣中的人氣料理，如果想更氣派，則建議點3000日圓150克的山形牛排。

　　Milly 初次探訪「mAAch ecute 神田萬世橋」在午餐過後，於是選擇在這間結合了雜貨、生活用品和山形食材的咖啡店兼定食屋「フクモリ」，享用了畫上非常可愛笑臉的拿鐵，和以山形產紅花、最上川水源飼養雞生的雞蛋做成、風味濃郁的布丁「紅花たまごのなめらかプリン」作為下午茶。

　フクモリ マーチエキュート神田万世橋店
地　　　址　東京都千代田区神田須田町１－２５－４ マーチエキ
　　　　　　ュート神田万世橋 1F
營業時間　11：00 ～ 23：00、週日～ 22：00

CAFE& 和酒 N3331

　　如果是鐵道迷絕對不會錯過，利用封存 70 多年廢棄車站階梯，通往以原月台位置闢建的「CAFE& 和酒 N3331」，因為這可是號稱「世界最貼近電車的咖啡屋」。

　　店名「N3331」的「N」代表 Nippon　New　Next，空間規劃遷就月台地勢彷如一個長型船橋，透過整體玻璃大窗可以體驗 JR 中央線列車，頻繁從兩邊呼嘯而過的視覺張力。Milly 當日選擇了薑汁汽水「梅ひと雫ジンジャーエール」，晚上化身為 BAR 後則有將近 20 多種像是「浪の音 ええとこどり 純米酒」、「鳳凰美田桃」、「日高見 山田錦 純米酒」的日本酒和紅白酒的杯酒可以選擇。

CAFE& 和酒 N3331
地　　　址　東京都千代田区神田須田町１－25－４マーチエキュート神田万世橋２Ｆ
營業時間　11：00 ～ 23：00、週日～ 21：00

2k540 AKI-OKA ARTISAN

　　位在山手線高架橋下方的「2k540 AKI-OKA ARTISAN 設計職人街」，規劃再造時大量使用了潔淨白色，讓原本鐵道橋下的陰暗印象大大翻轉。空間規劃活用鐵道高架橋的特殊結構，區域與區域之間以厚實水泥柱分隔，刻意裸露的管線、管道則呈現出近日風行的輕工業風。

　　「2k540」依照作品、職人屬性共分為 17 個「A～Q」主題區塊，同時支援不少年輕有潛力的手創作家進駐，借此沿續御徒町周邊被稱為「伝統工芸職人の街」，原為飾品、珠寶飾品、皮革批發和製作的傳統。

　　除了工藝工作坊和店面外，不定期還會舉行才藝、手工教室。

2k540 AKI-OKA ARTISAN
http://www.jrtk.jp/2k540/

真工藝　　　　　　　　岐阜県・飛騨高山

飛騨高山の工房から届いた、木版手染めのぬいぐるみ。
生木綿への染め付けから、綿数の詰め作業まで、
すべて素朴な手仕事で作り上げています。

日本百貨店

　　Milly 花最多時間去晃盪的是位在往秋葉原方位正門入口
旁，從日本各地嚴選手感工藝、調味料、加工食品、雜貨等商
品的「日本百貨店」。

　　「日本百貨店」希望選擇擺設販售的商品，不單單是商
品，更是能呈現每個地方特色和人文的作品，期待能將日本各
地方優異的、美麗的、愉悅的、帶著季節感的東西介紹給都市
人和世界各地的人。

　　在此可以窺看到日本手感產業的精華，也能從一些似曾相
見的地方藝品中，勾起了曾經去過旅行的愉悅回憶。

日本百貨店おかちまち

地　　址　　東京都台東区上野 5－9－3 2k540 AKIOKA ARTISAN
營業時間　　11：00~19：00（週三定休日）

CHABARAAKI-OKA MARCHE

在從 JR 秋葉原站電気街口走
去一分鐘不到的「CHABARA AKI-
OKA MARCHE」內，同樣有「日本百
貨店」非常著力、占有該設施絕大部
分空間的分店「日本百貨店しょくひ
んかん（日本百貨店食品館）」。

正如「日本百貨店食品館」名稱
所示，這分店是以販售推薦日本各縣
市的食品為主。

一個區塊一個區塊逛著，彷如在
日本各地方旅行一樣。

Milly 心滿意足的採購了東京世
田谷的咖啡、山梨縣的熟成柚子胡
椒、廣島辣味檸檬醬料、島根縣薑
茶等包裝非常時尚又漂亮伴手禮。
現場所見不少日本人也興致不錯的
流連其間，像是在尋找著自己故鄉
的味道，也像是如同 Milly 一樣的購
買老家自傲的美味食品來送人。在
「CHABARA AKI- OKA MARCHE」
不單單是可以買到各地的特色食品，
也可以就近試吃各地方鄉土料理，和
在期間限定的主題餐廳用餐。

CHABARA AKI- OKA MARCHE
http://www.jrtk.jp/chabara/

蔵元スタンド

　　由新潟菊水酒造設店的時尚日本酒咖啡屋「蔵元スタンド（KURAMOTO STAND）」，店內擺放著日本酒、酒器外，也有著擺放著跟酒有關的漫畫、雜誌、專書的書架。在此喝著「菊水」日本酒配上以酒粕製作的料理、甜品，然後翻閱著跟酒有關的文字、圖片，應該對喜歡淺酌一杯的我來說，堪稱是至福的時間。

　　在 KURAMOTO STAND 能喝到好酒是理所當然，更讓人驚喜的是這裡不論是料理或是甜品都跟酒有關，像是享用時還可以淋上自家製酒粕煉乳和「菊水一番しぼり」日本酒的刨冰，以及加入酒粕做出的鬆餅、鹹派，以酒粕、辛口味噌香腸做出的熱狗餐等等，菜單上的種種完全超乎想像，難怪這日本酒咖啡店的主題是，帶著愉悅的玩心來接近日本酒。Milly 在秋天前去吃不到夏日冰品，就點了一壺熱呼呼的菊水清酒，配上加入菊水乳酸菌発酵酒粕做出的軟 Q 糯米丸子，一個人悠然自在的度過了一個輕飄飄的舒適午後。

KURAMOTO STAND
地　　址　東京都千代田区神田練塀町 8 － 2CHABARA
營業時間　11：00 ～ 20：00（不定休）

鍛冶屋文蔵

　　在愉悅體驗了秋葉原周邊的高架鐵橋下再生改造設施後，晚上延續都會高架鐵橋下主題，刻意選在靠近有樂町站上方有山手線、京浜線、東海道線列車行駛的鐵道高架橋下的烤雞串居酒屋「鍛冶屋文蔵」晚餐。

　　餐廳的空間如同狹長山洞，列車通過時的震動其實很薄弱，但是光是想到其實是在鐵道下方用餐，情緒還是很高漲。

　　鍛冶屋文蔵的名物料理是口味很重又鹹又辣、將整隻大大雞腿料理以鐵盤端出的「鶏ももの文蔵焼き（雞腿文藏燒）」。雖然這放入 18 種以上辛香料的雞腿料理很適合配水酒來吃，可是味道實在太重，不是很合口味。好在之後點的以岩手産　のみやこ雞肉燒烤的「焼き鳥の盛り合わせ（綜合烤

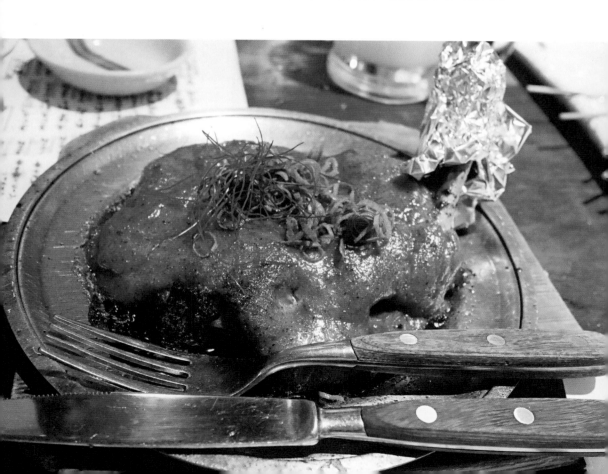

雞串）」，不論是肉質、口感、火候、調味都是水準之上，季
節推薦的醋拍鰹魚片也新鮮道地，讓食慾大增，酒興也被挑動
了起來。

　　店內客人基本上是以附近辦公大樓的上班族為主，不過因
為接近東京車站周邊有不少國際旅館，所以用餐期間看見不少
外籍人士前來，店家也因此準備有英文菜單。

▌鍛冶屋文蔵 丸の内 国際フォーラム前店
地　　　址　　東京都千代田区丸の内 3 － 7 － 18
営業時間　　16：00 ～ 23：30（無休）

讓廢棄鐵道路線展現新商機的時尚綠意新名所
「LOG ROAD DAIKANYAMA」

　　日本可能是最會創造「新名所」的國家，不過幾個月沒來
到東京，一個個讓人無法捨棄、總能吸引目光焦點的新名所又
誕生了。

　　距離東急東橫線「代官山」站走路過去約 4 分鐘，複合式
商業設施「LOG ROAD DAIKANYAMA」是利用東橫鐵道地
下化留下的路面鐵道空間，於 2015 年 4 月開始營業、有著豐
饒綠意的時尚新名所。

　　占地 3200 平方公尺狹長型以高矮不一的樹木、層次堆疊
的花草包圍的建築平台上，從入口處開始有麒麟啤酒公司與

「SPRING VALLEY BREWERY」合作，高挑空間店內設置了巨型釀酒槽的新型態商店「SPRING VALLEY BREWERY TOKYO」，在此可以喝到六種不同的手工精釀啤酒，和以自然食材烹調的佐酒料理。

Milly 首次選在早上 8 點開店同時前去的則是利用原本就很偏愛，從鎌倉來到東京開設分店的「GARDEN HOUSE CRAFTS」，於寬敞的木製露台座位享用以有機食材調理的早餐。這裡的早餐不但是無庸置疑的兼具健康美味，更擁有著讓人一早開始就很幸福的樣式，真的不用太貪心，光是一早能吃到這樣美好的早餐，一整天都可以沉浸在輕快小跳躍的情緒中。

除了可以選擇在早、中、晚在以上兩間餐廳享用早餐、午餐、晚餐或是歡愉地在下午茶和 BAR TIME 之外，於「LOG ROAD DAIKANYAMA」內占據最大的「Fred Segal」三棟商店內，還可以買到流行男女服飾、從波蘭引進的「CAMDEN'S BLUE ☆ DONUTS」使用季節水果做出的可愛模樣甜甜圈，以及以美西生活為主題的日常生活雜貨用品。

LOG ROAD DAIKANYAMA
http://www.logroad-daikanyama.jp

Chapter 3

東京發、三浦半島
潮風輕旅行

　　在東京假期中途，趁著春日正好，規劃了緩緩的三浦半島
「輕旅行」。

　　刻意不說是旅行，甚至不說是小旅行，只因不過是從大都會
緊湊中出走一下。放棄複雜動線，放縱隨心所欲，以放鬆全然散
步調調，去吹吹海風，看看日出夕陽，吃些地方美味，然後為一
杯好咖啡或是甜蜜點心，在情緒咖啡屋停滯一段時光。

　　位在神奈川東南方，面向東京灣、相摩灣的「三浦半島」，
擁有豐饒海灣風景和休閒資源。輕旅行中，可選擇在美式風情橫
須賀品嚐名物美軍漢堡，在三崎港盡享鮪魚饗宴，還可以觀賞三
浦海岸河津櫻，在葉山體驗優雅海岸日常，同時沉浸在逗子港灣
小城悠然中。

　　前往三浦半島可從東京都心經由品川直達，不過 Milly 想多
些度假步調，於是不論去程或回程都選擇停留橫濱，徜徉於這異
國浪漫和現代風尚交融的港口城市。

去程：異國風情橫濱

　　從東京都心前往橫濱若是從品川站出發，可以利用 JR 系統的東海道線、橫須賀線、京浜東北線、湘南新宿ライン，普通列車約費時 30 分鐘、票價為 290 円。

　　搭乘跟 JR 品川站共構的京急鐵道京急本線前去橫濱車票是 300 日圓，不過可利用京急班次密集不用額外付費的特急列車 (快特)，前去橫濱只要 16 分鐘。

　　若是選擇從渋谷出發，就建議選擇利用「東急東橫線」，前往橫濱的車費是 270 日圓，同時可以直結みなとみらい線（港未來 21 線），直達前往橫濱主要觀光動線的「馬車道站」、「元町、中華街站」。

横浜 1DAY きっぷ（橫濱一日通票）

　　Milly 選擇從品川出發，同時購買了 1,100 円由京急電鐵規劃販售，包含到達特惠乘坐區域的往返交通、みなとみらい

線（港未來線）、橫浜市營地下鐵線和橫浜市營バス（指定路線、包含觀光巴士）的特惠通票「橫浜 1DAY きっぷ」。

詳細的特惠乘坐區域和提攜設施的折扣，請參考京急電鐵「おトクなきっぷ（特惠券）」網頁

http://www.keikyu.co.jp/information/otoku/index.html

從品川出發使用「橫浜 1DAY きっぷ」，搭乘京急本線到達橫濱之後轉搭みなとみらい線來到「元町、中華街（山下公園）」站，從 2 號出口出來走到當晚住宿的橫濱「ホテルニューグランド（新格蘭酒店、Hotel New Grand）」。

從 2 號出口走到新格蘭酒店約 2 分鐘，從 1 號出口走去則是 1 分鐘，不過 1 號出口是階梯，2 號出口設有電梯，如果推著行李就必須留意提示的路徑。將行李寄放在 HOTEL 櫃檯後，即可展開橫濱漫步。

選擇住宿新格蘭酒店，除憧憬這於 1927 年開業老舖HOTEL 的歐風格式和典雅風範外，更是因為坐落位置絕佳。新格蘭酒店面向山下公園，可以眺望「日本油輪冰川丸」。浜マリンタワー（橫濱海洋塔）就在旁邊，走去中華街東門也不過是 2 分鐘。其他像是「橫浜赤レンガ倉庫（橫濱紅磚倉庫）」、「橫浜港大さん橋（橫濱港大棧橋）」也都在步行範圍內。

時間接近午餐時間，就先就近前往中華街。

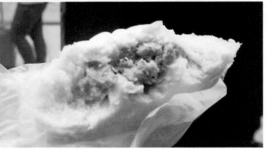

中華街「江戶清」熱呼呼大肉包

　　不曉得從什麼時候開始，來到橫濱中華街就要吃大肉包。

　　到底橫濱中華街有幾間販賣大肉包的店家呢？利用網路搜尋的結果是，在橫濱中華街至少有十五間以上的店家，在店頭販賣熱呼呼的大肉包。

　　Milly 才從東門進入中華街就看見店前出現人潮的「江戶清本店」，迫不及待買了個熱呼呼的「フカヒレ豚まん（加入魚翅的肉包）」。

　　經常列入最好吃中華街肉包前三名位置，1894 年創業的「江戶清」包子餡料多采多姿，看似想將所有日本人認知的中國料理都包進包子裡去。像是包入紅燒肉＋青梗菜的「大きな豚角煮とシャキシャキの青梗菜」、包入乾燒蝦仁的「エビチリまん」等等。

　　每種餡料包子大致都是 500 日圓，不過日本人不擅長邊走邊吃，多數是買了在店前一面說著「好燙、好燙」，一面大口大口的吃著肉包。

▌江戶清 中華街本店

地　　址　神奈川県横浜市中区山下町 192
營業時間　9：00 ～ 20：00、週六日假日～ 21：00

中華街「揚州飯店」大融合午餐

吃完大包意猶未盡，大包畢竟還是點心。

中華街的中菜餐廳名稱都似曾相見，像是什麼「揚州飯店」、「王府井」、「狀元樓」之類的。看見「揚州飯店（本店）」餐廳氣勢不錯且乾淨明亮，午餐菜看似豐富划算，就進去初體驗中華街樣式的中菜料理。

開店超過半個世紀以上的老舖「揚州飯店」，號稱提供的是正宗上海料理，不過在這樣的觀光地做生意就不容易這樣講究，於是菜單依然是中華大融合，不但可以吃到北京烤鴨、富貴魚翅，也可以享用飲茶點心和小籠包。

Milly 當日點的 1200 日圓「五目そばセット（什錦大滷麵）」午餐套餐中，放入海鮮、肉片、青菜的什錦大滷麵已相當飽足，卻還大方附上迷你中華炒飯、一粒燒賣、一粒蝦餃、一盤青菜、一份杏仁豆腐，完全試圖讓客人一次將中華料理的精華全吃到肚中。

如想偶爾奢華些，午餐套餐還有2000 日圓的魚翅套餐「特撰フカヒレあんかけ焼きそばセット（特選排翅乾燒麵）」可供選擇。

揚州飯店（本店）
地　　址　神奈川県横浜市中区山下町164
營業時間　9：00 ～ 22：00（無休）

101

在「象の鼻咖啡店」吃大象霜淇淋

　　午餐後 CHECK IN 前，散步兼消耗身體中大肉包和中華料理套餐的卡洛里，於是從中國城一路來到山下公園，眺望海鷗在上方盤旋的港灣，以及停靠在港口有「北太平洋の女王」之稱的「日本油輪冰川丸」。之後沿著港灣花團錦簇公園綠地，順著整備完善的高架步道，往「象の鼻テラス（象的鼻露台）」前進。

　　為了紀念橫濱市開港 150 週年，在象徵橫濱歷史與未來聯繫的象の鼻パーク（象鼻公園內）內規劃興建了「象の鼻テラス」和設施內的「象の鼻カフェ（象鼻咖啡館）」。區內設施都掛上了「象の鼻」名稱，原來是從空中俯瞰狹長弧度的港灣、防波堤跟象鼻很相似的關係。也因此「象の鼻カフェ」內有巨型的長毛象雕塑作品、販售有以象為發想的周邊商品，可愛到不捨得一口咬下去，以北海道牛乳調製象頭模樣的「象霜淇淋」和象餅乾、象蛋糕卷等。

　　天氣大好時來到「象の鼻テラス」是一件非常非常美好的事情，可以躺在開滿野花的草坪曬太陽，走去展望台眺望港灣，透過咖啡屋一大面玻璃看去藍天。

　　不過陰霾雨天前去，看著雨打在玻璃大窗模樣，等著雨停後繼續出發，卻可感受寧靜中帶著些許壯絕的意外風情。

　　讓咖啡屋「象の鼻」不論是晴天、雨天都如此風采的原因，不單單是那好吃又可愛的「象霜淇淋」，不單單是那三面挑高視野大窗，更因玻璃大窗上向著天空伸展，出自 80 多歲依然充滿感性創作旺盛的詩人谷川俊太郎發人深省的問句。

　　這些問句未必艱深，但會讓人不由得向自己詢問著答案。像是「今日のあなたは昨日のあなたとどこが違っていますか？」（今天的你和昨日的你有什麼不同呢？）

象の鼻テラス

http://www.zounohana.com
開放時間　10：00 ～ 18：00

Hotel New Grand 的昔日典雅風華

　　面向山下公園、橫濱港灣，於 1927 年開館的ホテルニューグランド（Hotel New Grand），一直作為橫濱迎賓館存在，見證著橫濱發展的歷史，在此住宿過的名人有美國麥克阿瑟將軍、喜劇演員卓別林等等。這間講究傳統與格式的 HOTEL，由設計銀座地標和光大樓的建築師渡辺仁規劃，最能顯現往昔風采的是，本館宴會大廳和步向舞會宴會大廳，採用義大利手工磁磚的厚實典雅大台階。流連期間，彷彿自己置身在某個懷舊電影場景中，又彷彿是位在一棟歷史悠久博物館內。看上這建築的昔日典雅，不少電影、劇集和攝影都選擇在此取景，更有不少新人選擇在此舉行婚禮。

　　Milly 當晚預約的是海景雙人房，從踏入房間瞬間就被那從弧形大窗看去的海港風景給奪去目光，之後更是不論坐在沙發上、躺在舒適大床上，都時時滿足著在不同光線下的港灣窗景。尤其是一大早被柔和灑入的陽光喚醒，此時從房間看去的港灣風景，尤其是讓人難忘。

ホテルニューグランド
http://www.hotel-newgrand.co.jp

橫濱海洋塔咖啡屋的甜蜜時光

在房間小歇後在前往橫濱站周邊商場吃晚餐前，本想繼續利用「橫浜 1DAY きっぷ」在 HOTEL 前搭上觀光小巴前往橫浜赤レンガ倉庫（橫濱紅磚倉庫），怎知才剛剛停歇的雨又突然大了起來，即使撐傘都擋不著噴高的雨水。

看看觀光巴士前來的時間還算充裕，就到 HOTEL 旁的橫浜マリンタワー（YOKOHAMA MARINE TOWER）內一樓，有著一面廣角玻璃窗和高挑空間的時尚咖啡屋「THE BUND」，喝杯咖啡、吃個點心兼躲雨等巴士。

從橫濱地標般存在的 YOKOHAMA MARINE TOWER 三十樓展望台看去，除了港灣風景外甚至可以眺望到房總半島和富士山、東京的晴空塔。在黃昏時分和夜幕低垂後，登上這高塔從展望台眺望夕陽和夜景，更成為情侶約會的浪漫行程。

　　一樓的義大利餐廳「THE BUND」前方有一大片草坪，坐在窗邊座位可以享受綿延至山下公園的豐饒綠意。Milly 點了杯黑咖啡配上蛋香厚實濃郁的布丁，等候 20 多分鐘後到達的觀光循環小巴，也期望著雨勢能和緩些。下雨天於是被迫也好、期望也好，步調自然會放緩些，更何況是度假中延伸的輕旅行本是隨性就好。

THE BUND
地　　址　横浜市中区山下町 15 横浜マリンタワー 1F
營業時間　11：00 ～ 23：00（無休）

下雨天逛街天

　　開幕以來持續成為橫濱吸引人潮重要據點的赤レンガ倉庫（橫濱紅磚倉庫），位在みなとみらい21（簡稱為 MM21）新港地區，當天不巧遇上雨天，人潮比起以往幾次前來時少了很多，不過也剛好得以舒適的在裡面眾多店舖內逛逛街。

　　橫濱紅磚倉庫中持續人氣的餐廳，依然是可吃到世界最美味鬆餅早餐的「bills」。此外橫濱是日本啤酒發祥地，因此橫濱紅磚倉庫每年 10 月前後，會舉行大型的「橫濱啤酒節」活動，據說受歡迎的程度不輸給慕尼黑啤酒節。

　　包括赤レンガ倉庫的橫濱大型購物中心非常多，像是規劃有多種娛樂設施的「橫浜ワールドポーターズ（YOKOHAMA WORLD PORTERS）」、Mark Is 、Queen Square（皇后廣場複合式購物中心）、Lalaport 橫濱、Bay Quarter Yokohama 等等。

　　除了商品擺在斑駁紅磚硬質鋼架空間中，格外顯出風味的「橫浜赤レンガ倉庫」商場外，Milly 在橫濱眾多購物商場中偏愛閒晃的，還有鄰近「橫濱美術館」於 2013 年開幕，擁有 180 多間店舖號稱 MM21 內最大型購物商場的「Mark Is」。

　「Mark Is」非常值得一逛的特色是，空間內處處可見清新設計和綠意備置，頂樓還設有日本最大菜園，種有多種蔬菜、香料。

　　除了大家熟知的人氣品牌服飾店外，多間風格雜貨屋、家飾精品店勢必會吸引女子的目光。「Mark Is」的美食選擇豐富，甚至可在「la mere poulard」餐廳內享用到跟法國本店同樣風味，來自法國世界遺產聖米歇爾地方的傳統蛋包料理。

　　想要採買蔬果飲品或是帶到 HOTEL 房間享用的熟食，位在地下一樓的大型超市「京急ストア」是不錯選擇。

横浜赤レンガ倉庫

http://www.yokohama-akarenga.jp

Mark Is

http://www.mec-markis.jp/mm/

料理名人栗原はるみ的晚餐

　　ゆとりの空間（yutori no kukan）是有「日本瑪莎」之稱的料理家栗原はるみ小姐開設的餐廳，一直很喜歡她推薦的生活風格，因此即便是橫濱紅磚倉庫用餐選擇不少，還是寧願選擇利用橫浜 1DAY きっぷ前去橫濱車站，花個 5 分鐘路程經由東口 SOGO 百貨，走去位在橫浜ベイクウォーター（BAY QUARTER YOKOHAMA），可以吃到依照栗原はるみ小姐食譜料理的幸福餐食「yutori no kukan」。

　　yutori no kukan 最熱門晚餐菜單是 1800 日圓的「栗原さんちの晚ごはん（栗原小姐家的晚餐）」，套餐包含了健康 18 穀米飯、一份肉類主食和三樣配菜。Milly 那天一路吃了不少甜食，於是改變主意選擇口味稍稍濃郁些的起司風肉醬咖哩。

　　料理一端上立刻忍不住小小讚嘆，不愧是料理家的菜色，
顏色配置好漂亮。風味更是比想像中來得扎實，以融化濃稠的
起司裹著帶著香料的肉醬、雞肉塊享用，有著多層次的風味和
口感，非常美味。

　　以白色透明感為基調的空間內除用餐區，在入口處還設有
栗原はるみ設計的餐具和推薦餐櫥道具，如果沒有時間在店內
用餐，則可以在櫃檯選擇每日更換的外帶熟食。

▌ゆとりの空間（yutori no kukan）
▌地　　址　横浜市神奈川区金港町１－10 横浜ベイクォーター 3F
▌營業時間　11：00 ～ 22：00（無休）

Eggs 'n Things 的假期牛排早餐

　　「Eggs 'n Things」在日本已有多間分店，分布在原宿、台場、銀座、鎌倉、江之島、京都、名古屋、大阪、福岡等地，幾乎每一間都是假日必須排隊才能入內用餐的大人氣，其中必點的是堆疊厚厚鮮奶油的鬆餅。

　　住宿在憧憬大人旅宿ホテルニューグランド時，發現一旁幾乎是零距離的位置上，居然就有間面向山下公園的「Eggs 'n Things」分店，心想如此地利之便不容錯過，於是就決定放棄飯店優雅早餐，改為品嚐 Eggs 'n Things 美式風味早餐。

　　平日又是在開店同時進入的關係，Milly 首次不用排隊就順利進入「Eggs 'n Things」。這分店面向山下公園和港灣，頗類似夏威夷度假地，更加符合 Eggs 'n Things 刻意營造的愉悅用餐氣氛。之前試過兩次該店招牌水果鬆餅都嫌分量太大又略嫌甜膩，因此即使剛好遇上期間限定的升級版草莓鬆餅推出，一樣不動心的不予理會。

　　只是在 Milly 旁邊有位上了年紀的老紳士一個人前來，居然很愉快的吃著其實看起來頗不錯的升級版草莓鬆餅，於是厚

顏的請求拍下留戀（哈哈）。

　　之後 Milly 點了豐盛牛排早餐，在選項上歸類於「肉＋蛋」早餐類。兩顆蛋可從多種調理方式中選擇，例如 SC 是炒蛋、OE 是兩面煎的半熟荷包蛋、OW 是完全蛋黃是硬的荷包蛋。肉類則可以選擇牛排、夏威夷式午餐肉或是培根、香腸，以此配上土司、飯或是薯塊，如果要改為該店自信的鬆餅三枚則必須追加 400 日圓。

　　這份豐盛美式早餐分量十足、誠意十足，牛排也頗為好吃，對於「Eggs 'n Things」因此有了不同層面的認知。

　　早餐後珍惜出發去三浦半島前的 Hotel New Grand 優雅時間，Milly 在美麗海景房間內喝著自備咖啡掛耳包沖泡的咖啡，依依不捨的眺望著窗外已然放晴的港灣風景。之後整理行李 CHECK OUT，經由橫濱進入三浦半島輕旅行的首站橫須賀。三日後結束三浦半島行程於入夜後再次回到橫濱，隔日在期待的陽光普照好天氣下，再次展開愉悅的橫濱半日遊。

Eggs 'n Things 橫浜山下公園店
地　　址　橫浜市中区山下町 11 スターホテル橫浜 1F
營業時間　9：00 ～ 22：00（不定休）

回程：橫濱陽光燦爛半日遊

絕佳好日從大棧橋望去富士山

　　結束三浦半島輕旅行，入夜回到出發點橫濱。從當晚住宿位在櫻木町站正前方的「橫浜桜木町ワシントンホテル（櫻木町華盛頓 HOTEL）」高樓層房間望去，是以多彩霓虹摩天輪照亮的橫濱港灣夜景。

　　清透夜景預言明日必是陽光普照好天氣，果然一夜好眠醒來，拉開窗簾看去是幾近 100％完美的日出風景。看見如此完美日出風景豈能再待在房間，於是快快梳洗，穿上好走便鞋，15 分鐘後已經愉悅踏在陽光透亮的清晨港灣步道上。

從櫻木町站北口前方大通出發，通過巨大的日本丸帆船，穿越路線已經廢棄原為臨港鐵道通過的鐵橋，之後沿著海岸步道走著，目標是橫濱紅磚倉庫。

同樣路徑在萬里無雲的藍天好日遊晃，卻是跟雨天漫步時完全不同風景。

藍天下看去的橫濱紅磚倉庫多了風采，登上延伸向港灣的大棧橋時，那遼闊視野更讓人忍不住伸展雙臂，仰頭深呼吸。

大棧橋（橫濱港口大棧橋國際客輪碼頭）是 Milly 在橫濱景觀中最喜歡的據點，它的建築結構完全打破了一般客輪碼頭的印象，甚至有突破現在、迎向未來的視覺張力。

已經算不清是第幾次沿著木質坡道，登上彷如天空浮島的大棧橋平台，天氣絕佳時總會期待著朝向紅磚倉庫和超高層地標建築 The Land Mark Tower 方位望去時能看見富士山。

那天很幸運的，富士山出現了！即便只是露出一小角模樣也有些朦朧，但依然心情大好的以為這日一定是大好日子。

櫻木町站內的「CAFE AMDERSEN」鬆餅早餐

舒暢晨間港灣散步後，來到 JR 櫻木町站北口二樓「CIAL 桜木町」商場內，麵包烘焙屋附設的北歐雜貨風「CAFE AMDERSEN」享用現做水果鬆餅早餐。

狹長店內空間一面是開放廚房，另一面是貼著窗邊擺放著不同風味桌椅的用餐區。

一整面的展望玻璃不但透入暢快光線，也可望去車站熙來攘往的行人百態。「CAFE AMDERSEN」是麵包店附設咖啡屋，麵包品質水準自然不會讓人失望，可喜的是現作鬆餅也很好吃，即使住宿在櫻木町周邊的商務、觀光旅館，都值得放棄飯店一成不變的自助早餐，前來享用這頓清新美味的早餐。

CAFE AMDERSEN
地　　址　横浜市中区桜木町 1-1CIAL 桜木町
營業時間　8：00～21：00（不定休）

坡道上的横濱美味麵包屋「BLUFF BAKERY」

　　離開櫻木町站內「CAFE AMDERSEN」後返回櫻木町華盛頓 HOTEL，退房後將行李於櫃檯寄放，方便輕鬆地朝著「港の見える丘公園（港之見丘公園）」出發。

　　要從櫻木町前往「港の見える丘公園」最方便也省力的交通方式，自然是直接在櫻木町前搭上觀光路線循環小巴「周遊バス　あかいくつ」，利用「中華街　元町（C）ルート」路線於公園前入口「港の見える丘公園前」下車。

　　不過第一班發車的觀光巴士在上午 10 點，想在還有些涼意的時分前去，於是改為利用みなとみらい線前往。觀光指南的建議路線是，於「元町・中華街站」下車從 5 號出口出來，之後走去指示牌標明的坡道路口，花個 5 分鐘左右就可以通過「橫濱外國人公墓」來到公園入口。

　　Milly 選擇的則是較繞路的路線，是從「元町中華街站」出來後，先往元町商店街方向前進，之後從商店街中段穿出，走進「代官坂」陡直坡道。這坡道走起來有些吃力，好在沿途有幾間歐風小舖可以分心去瀏覽。

　　其中讓不會騎自行車的 Milly 都忍不住停下腳步好奇的是，位在坡道入口附近的自行車皮革周邊小物工房「maware」。

　　沿著坡道走著已經開始有些氣咻咻時，終於在坡道中段左手邊，看見掛著湛藍看板的麵包屋

「BLUFF BAKERY」。正因坡道上的這間橫濱最美味麵包屋的「BLUFF BAKERY」，才能激勵 Milly 不畏坡峭的道陡往上爬。

　　走進可以透過玻璃窗看去忙碌麵包烘焙室的店內，立刻被眼前擺放的出爐麵包和陣陣麵包香給吸引住，忍不住這也想買、那也想吃吃看。

　　「BLUFF BAKERY」在早上 8 點開店，經常下午 3、4 點人氣麵包就已販售一空，所以建議儘可能在午前來到，才能確保買到以日本國產麵粉、法國高級麵粉調和，該店自信之作的低溫發酵法國麵包。

▎BLUFF BAKERY
地　　址　橫浜市中区元町 2 － 80 － 9 ヒルクレストオグラ 1Ｆ
營業時間　8：00 ～ 18：30（除新年假期外，無休）

前進「港の見える丘公園」高台的愉悅路上

　　手上提著剛剛出爐散發香氣的麵包，準備在「港の見える丘公園」旁的庭園野餐，雀躍期待的心情，讓踩在坡道上的腳步也輕盈不少。

　　當通過「代官坂上」交叉口後進入平緩步道，放眼看去都是美麗花園的歐風獨棟建築，於是知道已經進入了所謂「橫濱山手西洋館」地區。

　　這些位在昔日外國人居留地的洋館，有的被整修作為博物館、資料館，有的則被改裝為咖啡屋或是餐廳。幾乎所有開放的洋館建築都是不收費的，可以隨著心情和好奇心隨意進去逛逛。

　　「港の見える丘公園」正如其名，在此可以俯瞰橫濱港、街景和 Bay bridge 大橋。Milly 對於這個公園最深刻印象，是住宿在東京時跟著友人前來橫濱，為了從這置高點上的「港の見える丘公園」觀看夏日煙火大會。

　　宮崎駿父子創作的動漫電影《來自紅花坂》，正是以「港の見える丘公園」、「谷戶坂」作為故事參考背景，不少動漫迷還因此特意前來朝聖。

　　在充分眺望港灣風景後，來到跟公園鄰接的「大佛次郎紀念館」，在紀念館前的庭園涼亭享用剛剛買的麵包。這回 Milly 選的是柳橙風味、有些點心感覺的麵包，如果想在此享用午餐，則建議選擇「BLUFF BAKERY」的各式三明治。

在元町商店街買帽子

在 5 月、10 月玫瑰盛開的大佛次郎紀念館前花園野餐後,改為通過橫濱外國人公墓前步道返回元町商店街。

跟著橫濱開港 1859 年同時存在的元町商店街,或許附近是橫濱高級住宅區,於是以石板路、花圃、休憩步道連結的各類店舖,整體都呈現出摩登時尚感。

商店中最人氣的店舖是發跡於元町商店街,1882 年創業的名媛淑女皮包品牌店「キタムラ(kitamura)」。此外由於此區是昔日外國人居住區域,因此至今商店街還是有不少西式麵包屋、皮革店、蕾絲店、古董店、紳士服飾店和家具店,同時還有不少延續西方禮儀、裝扮留存下來的帽子店。

Milly 在氣氛使然下,經過店前擺放樣式豐富的帽子專賣店「イースタン (MILLINERY EASTERN)」,忍不住買了頂符合當日陽光普照天氣的遮陽帆布寬邊女帽,戴上它後繼續橫濱自在漫步的路徑。

横浜元町商店街
http://www.motomachi.or.jp

橫濱美術館咖啡屋的和風蜜豆冰

　　搭乘みなとみらい線在「みなとみらい站」下車，從3號出口出來走去「橫濱美術館」。不過當日倒不是為了什麼企劃展刻意前來，而是想前去不用購買入館門票同樣可以利用，面向美術館前廣場的咖啡屋「Café 小倉山」，享用以古雅和風容器端上的和風蜜豆冰。咖啡屋「Café 小倉山」店名取自橫濱美術館收藏的下村觀山屏風繪作品「小倉山」，原本以為這樣日本風情名稱的咖啡店，想必空間氛圍也是傳統風貌。

　　怎知空間卻是完全跟想像背離，是以純淨白色建構的簡約風格，當陽光透入時更覺得自己彷彿置身在一個以「白色箱子」為主題的作品中。

　　吸引 Milly 前來的和風蜜豆冰品「小倉山パフェ」，容器果然是古典樣式，看起來像是茶道喝抹茶的茶碗。這份和風甜品除了蜜豆冰基本的紅豆沙、抹茶冰淇淋、糯米丸子外，還放入了玉米脆片和巧克力棒，或許該說是和洋融合版蜜豆冰。

橫濱美術館

http://yokohama.art.museum/index.html
Café 小倉山營業時間　10：45～18：00（定休日週四）

日本大通上的
「LUNCHAN AVENUE」歐陸風情午餐

　　半日橫濱漫遊最後一站 Milly 選擇從「日本大通站」下車，在豐饒透明感綠意中沿著日本大通散步，接著前往古典歐風建築內的「LUNCHAN AVENUE」吃中飯。

　　日本大通由英國蘇格蘭的設計師 Richard Henry Brunton 規劃設計，於明治 3 年左右完成，是日本首次出現的純西洋式街路。如今大日本通上依然留存著不少昔日風華的歐風氣派建築，像是「神奈川県庁」、「橫浜開港資料館」、「橫浜地方裁判所」、「三井物産橫浜ビル」、「旧関東財務局」等等。

　　在新綠、秋色正濃、金色銀杏並木時節，大通上的咖啡屋和餐廳會設置露天座位，在此小歇或是漫步都是可以期待的舒適時光。

　　在面向林蔭大道日本大通的「LUNCHAN AVENUE」用餐是優雅的，其實餐點雖說的確有一定的水準，但是讓人沉浸在優雅中的並非餐食而是氣氛，那種無法速成只能以時間去累積的優雅氣氛。

　　LUNCHAN AVENUEE 的周遭環境有如巴黎街角景致，原建築是興建於 1929 年的「旧横浜商工獎勵館」，餐廳內依然可從厚實樑柱、高挑天井、古典大窗，窺看到當時建築氣勢。在此享用實惠午餐套餐最大的享受，是透過古典大窗看去的銀杏大樹街景，尤其是當秋天銀杏大樹變成一面金黃、隨風飄散的落葉時，這窗口座位就是絕佳的位置。

❚ LUNCHAN AVENUE
❚ 地　　址　横浜市中区日本大通 11 情報文化センター 1F
❚ 營業時間　11：00 ～ 23：00（無休）

早櫻綻放女子休日 IN 三浦半島

自然與軍港並存的橫須賀

橫須賀，終於來到了。

以前聊到日本旅行時，父親總會憶起他去過日本「橫須賀」。

對父親來說，日本就等於二次大戰他以軍艦海軍軍官身分前往過的橫須賀，所以踏上父親口中念念不忘的橫須賀，心境是複雜的；一面思緒遙想著眼前一切是不是父親曾經看過的風景，同時也不禁感傷要是能早些來到橫須賀就好，如此就可以跟父親分享看到的種種。

行旅日本多年遲遲沒能引起興致來到橫須賀，是對這個地方沒有進一步資訊所致。

長久以來對於橫須賀的印象停留在這是美國海軍駐防基地、商店街販售有軍用品、美式酒吧擠滿美國大兵。將橫須賀放入三浦半島順線旅程後印象改觀，開始喜歡上坐落地點絕佳的「橫須賀美術館」，感動於「浦賀水道」絕美黃昏，回味著橫須賀「どぶ板通り商店街」上海軍漢堡的道地滋味。

如何前往橫須賀？

橫須賀位在以「京急」為主要交通系統的三浦半島，預計前往最先搜尋的自然是該系統路徑和有沒有相關特惠票券。

從品川搭乘京急本線（特快）在橫須賀中央站下車，所費時間 43 分、車票 640 日圓。特

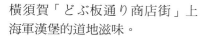

惠票券則是包含從東京都心前去的京急線往返、周遊區間巴士、電車等交通，另外加上可以選擇「橫須賀海軍漢堡 NAVY BURGER」或是「橫須賀海軍咖哩飯」食事券的「よこすかグルメきっぷ（YOKOSUKA GOURMENT、橫須賀美食票）」。

　　「よこすかグルメきっぷ」從品川出發是 2030 日圓，Milly 選擇從橫濱出發則是 1930 日圓。從橫濱利用京急本線到達「橫須賀中央站」，不論是特急或是快特列車時間大約都是 25 分鐘。

幸福黃色電車和愛的吊環

　　經常看見的京急電車，車廂多是大紅色。不過偶爾會遇見黃色車廂的電車，這黃色車廂電車被鐵道迷私下稱為「幸福的黃色列車（しあわせの黃色い電車）」，如果幸運的在月台上巧遇，就會一整天都幸運。

　　此外在情人節 2 月 14 日～3 月 14 日白色情人節之間，京急會在旗下電車的 9 萬 5 千個吊環中，放入 8 個「心型」吊環。幸運拉到這心型吊環的人，戀愛運就會大大提升，如果剛好跟同行的戀人一起拉到這吊環，當然更是幸運中的幸運。

YOKOSUKA 軍港めぐり

聽說在橫須賀境內幾乎一半地方，是日本人不能自由進出的美軍基地。

在橫須賀不時可在街上看見美國大兵，可以吃到美軍海軍咖哩飯、美軍海軍漢堡，商店街上也有以美軍為客層的酒吧。

可是喜歡軍事、武器主題和周邊用品的軍武宅，到底可不可以在橫須賀充分滿足呢？

答案可能是未必，畢竟どぶ板通り商店街（Dobu 板通商店街）上的軍用品店不是那麼精采、專業，大多看似販售軍用服飾的商店，其實不過是販售迷彩花色流行服飾。擁有讓軍事迷亢奮的軍裝、軍用品類「流放品」、「釋出品」的店家似乎不多，更別說可以搜尋到軍人實際穿戴過的「二手用品」。

至於發源於橫須賀，繡上龍鳳圖案的夾克外套，則被統稱為「橫須賀刺繡外套」，說那是軍服也太勉強。橫須賀刺繡外套的誕生背景是橫須賀刺繡綢緞製品產業盛行，於是駐守美軍拿了棒球外套或是 MA-1 飛行夾克，請日本刺繡職人在上面刺上象徵東方的圖騰，以此做為帶回美國的紀念品。最經典的繡圖是日式風格的龍、虎、鷹、鯉魚，此外還會加上日本地圖或是個人名字的日文寫法。

儘管未必能如願買到正宗軍事周邊，軍武宅還是會將橫須賀視為來日本期望前往的區域，主因是只有在橫須賀才能體驗「橫須賀軍港巡遊」觀光行程。

到達橫須賀的第一個行程似乎勢必要安排「橫須賀軍港巡遊」，Milly 使用「よこすかグルメきっぷ」從橫濱出發前往，

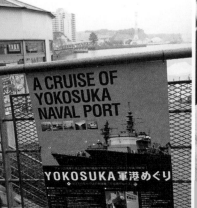

就要提前在「橫須賀中央站」的前一站「汐入」下車，接著就近走去「汐入棧橋」搭船口購買「YOKOSUKA 軍港めぐり」船票。

當日預計搭乘的是 11 點的航次，等待上船前的空檔，去了登船口邊上洋溢異國風情星巴克，邊喝咖啡邊眺望軍港。這間星巴克的異國風情不是來自建築也不是因周遭環境，而是來此消費的客層不少是外國人，不知是不是心理作用，甚至感覺連當地日本年輕人也帶著洋味。不過在橫須賀更特別的是星巴克位在美軍基地內，想進去消費體驗就要等到每年夏天的基地親善開放日「フレンドシップデー（Friendship Day）」。

1400 日圓約 45 分鐘的「軍港巡禮」遊覽船行程意外熱門，尤其是假日經常陷入必須排隊購票或是一票難求的狀況，所以會建議到達後要提前確保買到船票，要不就是利用網路先行預購。

（註：出示「よこすかグルメきっぷ」可享 1400 日圓變為 1200 日圓的折扣。）

因為艦隊有移防等狀況，所以每次軍港巡禮行程看見的軍艦都不同，重頭戲似乎是隸屬於美軍第七艦隊長期駐紮的「喬治華盛頓航空母艦」。其他看見的船艦還有日本自衛隊編號 DD-152 的朝霧級護衛艦やまぎり、ASE-6102 實驗艦飛鳥號（あすか）。或許該說這是男生較有興趣或女子陪伴男友前來體驗的觀光行程，如此男生才甘願觀賞軍艦之後好好的陪著她們喝咖啡、逛街、吃甜品。

橫須賀海軍漢堡好大好吃

京急發行的特惠一日券「よこすかグルメきっぷ（橫須賀美食票）」，包含了可以享用「橫須賀海軍漢堡 NAVY BURGER」或是「橫須賀海軍咖哩飯」的食事券。

橫須賀海軍咖哩可以購買咖哩真空包回家重現品嚐，漢堡卻是要現作才美味，於是沒多考慮就選擇了海軍漢堡。選擇了享用美軍漢堡後，接著就是要從協力的十三間餐廳中挑選一家去用餐。

參考資料後決定前去人氣的 TSUNAMI（津波）本店旁的新開分店「TSUNAMI CURRY & GRILL」，當日所見どぶ板通り商店街上雖有其他漢堡店，但是唯有 TSUNAMI（津波）即使是雨天依然滿座狀態。

在 TSUNAMI 不單可以吃到道地美式漢堡也可以吃到橫須賀海軍咖哩，只是多數客人都選擇了漢堡餐，至於該餐廳一樣納入主力的墨西哥餐，似乎沒有多少人青睞。

Milly 利用食事券點了號稱人氣不滅、使用 500g 牛肉、插上美國國旗的「ジョージ・ワシントンバーガー（喬治華盛頓漢堡、GW BURGER）」，在這裡享用漢堡的強烈印象是「大」，不僅是漢堡分量大，連放在桌上的調味料也是大瓶裝。

這份花了些時間等待現作上桌的漢堡，真是大大滿足的美味。碳烤漢堡肉帶著焦香，一口咬下肉汁「嘩～」的溢開，混著荷包蛋、起司、培根肉一起吃，更是絕佳美式滋味。

TSUNAMI 的漢堡號稱使用百分之百牛肉，加上調味簡單，更能吃到牛肉本身的扎實風味。

這樣一份漢堡餐，女生吃下去或許有些超量，即使像是 Milly 這樣的大食客，一整份吃完也幾乎不能動彈。不過該店更更厲害的漢堡餐，是漢堡肉與配料高高疊起，建議四～五人一起享用的 25 公分高「第七艦隊バーガー（第七艦隊漢

堡）」，若是男女朋友數人一起前來，真的可以挑戰看看。

　　另外為慶賀漢堡肉突破 20 萬份特別推出，起司像是岩漿一樣流下來的 2000 日圓雙漢堡「20 万 個 突 破 記 念！Double"R"Burger」同樣是非常的吸引人。

　　（註：使用よこすかグルメきっぷ食事券可以選擇的 MENU 有所限制，點餐前建議出示食事券跟店員確認後點餐。）

　　當日享用的午餐漢堡餐是 1300 日圓，至於從橫濱出發的「よこすかグルメきっぷ」是 1930 日圓，可見購買特惠票券的確頗划算。同樣可以留意的是，只 要 秀 出「YOKOSUKA軍港めぐり」使用後的船票，可以換取免費無酒精飲料一杯。

　　相反的，先來這裡吃飯秀出該店的收據，利用「YOKOSUKA 軍港めぐり」可以打九折。

TSUNAMI CURRY & GRILL
地　　址　神奈川県横須賀市本町２－２－８
營業時間　11：00 ～ 21：00、週六日假日 10：00 ～

沒有猿猴的猿島

　　位在東京灣上的「猿島」，本是沒有住家、曾經是日軍要塞的無人島。後來為了讓大家能踏上猿島體驗大自然，於是建造了展望台、步道，規劃成為有固定船班往返的猿島公園。此外傳聞宮崎駿動漫電影《天空の城ラピュタ（天空之城）》故事內出現的廢墟，正是參考猿島作為背景後，也帶起了一波觀光人潮。

　　前往「猿島」的交通方式，是在展示有巨型戰艦「三笠公園」旁的三笠棧橋搭船，船程十分鐘，往返船票是 1300 日圓。一定要買往返票是因島上沒有任何住宿設施，也沒有居住的民家，最後一班回程船班在下午五點以前，錯過就麻煩了。

　　Milly 前去時進入猿島還是完全免費，但 2015 年 4 月開始收取 200 日圓入園費，預計作為島嶼設施維護費，之後在購買

往返船票時會加上這 200 日圓費用，不過提出「よこすかグルメきっぷ」船票可以折扣 200 日圓，剛好抵消。

　　猿島不大，周圍不過是 1.6 公里，利用步道瀏覽島上「石炭發電所」、「砲台跡」、「防空壕」、「彈藥庫」和據說情侶手拉手通過就會幸福的「愛のトンネル（愛之隧道）」等設施，大約也不過是一個小時左右。島上最大建築「公園管理事務所」內的小小賣店，販售有獨家「無人島」啤酒（無人島 SARUSHIMA ビール），也提供熱水讓客人沖泡島限購的無人島泡麵。

　　Milly 前去時天氣不佳又非夏日旺季，同船前往猿島的只有三人，離開時則多了兩位先前在島上釣魚的釣客。夏日期間設有海水浴場的猿島可是人聲沸騰，附近居民會邀約來這裡玩水、游泳（註：海水浴場開設期間以外，不能游泳）。夏季的熱門活動是

島上BBQ，只要預約就可以什麼都不用攜帶，餐廳方面會準備器具和烤肉食材，只是必須提前一個月預約。夏日之外時間渡船大約是一小時一班，夏日則增加為15～20分鐘一班船。另外要注意的是，猿島上沒有猿猴，以前沒有，現在也沒有，稱為「猿島」只是傳說中有隻白猿引著遭遇暴風的日蓮宗開祖日蓮聖人來此避難。

「YOKOSUKA軍港めぐり」和「猿島」的航班，都可利用「TRYANGLE.WEB」網站查詢。https://www.tryangle-web.com

前往橫須賀當晚住宿位在三浦半島度假地觀音崎的全室海景「観音崎京急HOTEL」，於是在返回三笠 橋後，就先搭乘巴士前去橫須賀中央站，接著搭乘京急電車在「馬堀海岸站」下車，而後在站前等候往「観音崎」的京急巴士在「観音崎京急ホテル・横須賀美術館前」站牌下車。此段行程都包含在よこすかグルメきっぷ的周遊交通自由區間，所以不用再買車票。

在度假酒店風貌的観音崎京急HOTEL完成入房手續後，Milly立刻掌握黃昏前時間，前去HOTEL對面的橫須賀美術館。

融入山海自然景觀的橫須賀美術館

　　橫須賀美術館（YOKOSUKA MUSEUM OF ART）面向観音崎，是橫須賀市為紀念成立 100 週年於 2007 年興建完成，展覽空間主要分為「本館」和「谷內六郎」兩大部分。

　　姑且不論橫須賀美術館收藏作品，是不是絕對精采有非看不可的獨特性，但去過後卻可以信心十足推薦，這是間值得專程前去的美術館，尤其是藍天好天氣下，更應該毫不猶豫前往。在前往過的日本美術館中，持續位在第一偏愛位置上的依然是「豐島美術館」、之後是直島的「地中美術館」、第三則是新加入 Milly 擅自排名列在第三位置上的「橫須賀美術館」。

　　橫須賀美術館不單是座可以眺望廣角海景的美術館，更是企圖與周遭大自然景觀共同創作出以「海」為主題視覺作品的美術館，是會隨著四季、天候、光影、甚至是海浪的聲音、海風的濃度，變化出不同感受、感動的作品。

　　設計橫須賀美術館的建築師是 1945 年出生於北京的山本理顯 (Riken Yamamoto)，他畢業於日本大學建築系，在東京藝術大學完成碩士課程。從橫須賀美術館充滿張力的設計概念來看，很難想像這居然是他在 62 歲時的作品。

　　整體像是一個玻璃盒子放置在草坪坡地上的橫須賀美術館，實際上是坐落在山谷地形中，為了讓美術館建築能與海平面視野平行，山本理顯刻意把美術館大部分建築埋入地下，如此在美術館一樓的義大利餐廳「ACOUAMARE（アクアマーレ）」用餐時，便可以一面享用跟大都會同然水準的義大利料理，一面還得以透過落地窗遠眺耀眼的海景。天氣好時坐在餐廳外擺設面向草坪的露天座位，吃著以三浦半島海鮮為食材的料理，空氣中隱約飄著海潮的香氣，想必食慾會更加旺盛才是。

　　在美術館內穿梭瀏覽展示作品的同時，也能從空間中彷如潛水艇窗戶的不規則圓形玻璃鏤空觀景窗隱約看見海平線。這些本設計用來框出海洋風景的觀景窗也引入了自然光線，尤其是在接近黃昏時分，透過窗戶透入的光線帶著柔和藍光，置身其中竟有些漂浮在海中的錯覺。

　　横須賀美術館受到注目的還有在屋頂平台上設置的露天延展步道，從這裡可以眺望東京灣全景。站在這與海天借景借色的頂樓平台眺望大海時，會感動於美術館跟大海連成一線的夢幻視野。

　　美術館開放時間是上午 10 點～下午 6 點，屋上廣場開放時間卻提前在上午 9 點，同時延長至晚上 7 點。如此在夏日便可以擁有充分時間，觀看美好夕陽和入夜後星光閃閃。一樓的美術館內義大利餐廳，同樣是在美術館關閉後還一直營業到晚上 9 點半，因此住在附近度假 HOTEL 的遊客和本地的居民，也會預約在此享用可以聽見海浪聲音的美好燭光晚餐。

橫須賀美術館

http://www.yokosuka-moa.jp
開館時間　10：00 ～ 18：00（每月第一個週一休館）
入館費　　310 日圓（企劃展須另外收費，出示「よこすかグルメきっぷ」入館費可折扣 60 日圓、企劃展入場券則可打八折）

難忘「観音崎京急 HOTEL」壯麗日出

　　観音崎京急 HOTEL 的客房全部都是海景房，可以從陽台看去一望無際海平面。HOTEL 方面很貼心的還在每個房間放置了高倍望遠鏡，讓住宿客人按照放在房間的時間表，觀看大型輪船、軍艦通過的模樣。

　　房間寬敞舒適又有美麗海景，本來有些不捨得出門。可是更想在晚餐前來到 HOTEL 旁附設的 SPA「SPASSO」，邊眺望從黃昏進入黑夜的東京灣風景邊泡湯。

　　「SPASSO」不是溫泉設施所以在此泡的不是溫泉，是將橫須賀走水地方的湧泉加熱。這湧泉含有 40 種以上的礦物質，對潤膚有極佳的效果。

　　現代建築外觀，內部卻是帶著南國度假旅店風情的「SPASSO」，入館泡湯費用是 1500 日圓，出示「よこすかグルメきっぷ」可以折價為 1100 日圓，週末假日前去甚至可以折價為 900 日圓。不過 Milly 住宿在観音崎京急 HOTEL，就可以在 10：00 ～ 23：00 開放時間無限次數的免費利用。

　　舒適泡澡一身舒爽後，期待的就是豐盛的晚餐。

　　晚餐選在二樓的「浜木棉」享用包含海鮮前菜、魚料理、燉牛肉和飯後河津櫻花季節限定甜點的法式料理套餐。第二天早上同樣在「浜木棉」享用可以看去一面海景的自助早餐，不過風味就和風很多，最棒的是可以吃到東京灣捕獲海產烤魚和新鮮生魚片。

　　美味餐食是住宿觀音崎京急 HOTEL 的美好回憶之一，最美好的回憶則是讓人難忘的壯麗日出。

　　一早醒來拉開窗簾看去大海那端已透出微弱天光，被那黑夜與白日朦朧交界的墨藍天空給吸引，即使空氣冰涼依然期待的穿上薄外套走向海邊踏入晨光。

　　觀音崎京急 HOTEL 坐落在觀音崎海岸公園內，可以經由飯店前沿岸步道「觀音崎ボードウォーク (Kannonzaki Boardwalk)」，一路走去日本最初西式燈塔「觀音崎燈台」的山丘上。這修整寬敞的木板沿岸步道很貼近海邊，那日天氣雖然大好，風浪卻是猛烈，因此步行途中可以感受到帶著震撼力，跟以往未曾經歷的大氣勢海岸日出。

　　天色漸漸透亮，太陽從燈塔那方的海岸線升起，頓時天光燦爛灑在澎湃大海上，眼前神聖風景讓人屏氣凝神，遲遲捨不得離去。

観音崎京急 HOTEL
http://www.kannon-kqh.co.jp

河津櫻花滿開中，
吃三崎港美味鮪魚

　　一般認知日本早開的河津櫻花賞櫻名所，多數還是停留在伊豆半島的「河津」地區，其實在京急「三浦海岸站」沿線種植的上千株河津櫻，同樣在2月下旬～3月初之間，跟著嫩黃油菜花一起華麗盛開。出發前已獲悉三浦海岸車站周邊的河津櫻將在3月初迎向最盛期，於是在前往三崎港鮪魚美食之旅中，順路加入了河津櫻花賞花主題。

　　要前往三崎漁港大啖鮪魚，理應在京急三崎口站下車後，搭乘往三崎港方向的京急巴士。Milly為搶在人潮尚未出現前賞櫻，就選擇提前在三浦海岸站下車，預計賞櫻後再繼續去三崎港吃鮪魚大餐的行程。

みさきまぐろきっぷ（三崎鮪魚票）

　　「みさきまぐろきっぷ（三崎鮪魚票）」包括京急乗車站與三崎口站之間的往返車票、三崎區間京急巴士一日自由搭乗票，以及從 25 間店家任選一家享用鮪魚料理的「鮪魚餐巻」、從 8 個設施中任選一間利用的「休閒設施使用券」。

　　三崎鮪魚票從品川購票往返是 3060 日圓，從橫濱出發是2960 日圓。

　　Milly 前晚住宿在三浦半島観音崎京急 HOTEL，在規劃上就會選擇最近的「馬堀海岸站」出發，票價是 2850 日圓。

嫩黃油菜花、
粉色河津櫻和大紅京急電車的華麗競演

　　一走出京急三浦海岸站已看見站前滿開的豔麗河津櫻，迫
不及待地，立刻以鏡頭捕捉下眼前的燦爛花海。三浦海岸站周
邊的河津櫻賞櫻路線，是從三浦海岸站一直延伸到小松ヶ池周
邊，河津櫻花季期間地方觀光單位會設置指示牌，要不就是跟
著人潮前進也不會走錯方位。大致來說，出了車站後步行大約
10 分鐘，就可以在鐵道旁筆直步道兩側，看見沿路以嫩黃油
菜花襯托的粉紅河津櫻。三浦海岸站沿著鐵道的千株河津櫻，
是由地方人士將伊豆河津移植過來的樹苗，從 1999 年開始花
了五年時間一株一株親手種下，希望藉此增添觀光資源，帶
動地方發展。

　　河津櫻花路徑比想像中來得長，一直走著、一直走著，沿
路都還是盛開的河津櫻。

　　不少人拿著相機捕捉櫻花與油菜花輝映風景，鐵道迷更是
參考時刻表，固守在最佳拍攝地點，力求拍下京急電車通過瞬
間，粉紅櫻花＋鮮黃油菜花＋大紅京急電車的季節限定畫面。
非常能理解「攝鐵（專注拍攝火車與風景構圖照片的鐵道愛
好者）」占據天橋，從高處捕捉櫻花雲海中電車通過畫面的企
圖，因為真的好美！即使像 Milly 使用的不是特別高階的相機，
一樣能拍下大紅京急列車從一面桃紅櫻花隧道穿越而過的極致
風景。

　　另一個預期外遭遇的極致風景，則是當好奇隨著拍照達人
繞路走上鐵道天橋旁山丘時，眼前出現以櫻花、田野和遠處富
士山構成的絕佳景致。

　　滿足於初春早開河津櫻探訪後，Milly 沒有繼續搭乘京急
電車前往終點站三崎口，因為利用三崎鮪魚票「みさきまぐろ
きっぷ」，可以在站前搭乘京急巴士「海 31」直達三崎港。

三崎港吃新鮮美味鮪魚

　　以往只要路經橫濱車站，總會忍不住前去站內商場的「海鮮三崎港回轉壽司」，打打牙祭，飽餐一頓新鮮壽司。店名強調「三崎港」字樣，是強調「海鮮三崎港回轉壽司」各店舖的海鮮食材，尤其是鮪魚，都是每天從三崎港直送。因此即使是初次來到三浦半島上的三崎港，卻早已有了三崎港勢必有好吃海鮮料理的既定印象。

　　三浦半島三崎港是日本主要鮪魚卸貨漁港之一，港口旁有集中了海產加工品販售、海鮮直銷店舖和海鮮料理餐廳的「うらり産直センター（漁產直銷中心）」，港口周邊也有多間可以吃到鮪魚料理的餐廳。因此三崎港也就自稱為「鮪魚之里（マグロの町）」，以鮪魚作為最大的觀光資源來推廣。

　　初次來到三崎港，除了鮪魚，其他什麼都要先放在一旁。拿出「みさきまぐろきっぷ」的「鮪魚餐券（まぐろ食事券）」，參考在車站索取的「みさきまぐろきっぷ」詳細印刷小冊，比較各家協力餐廳的鮪魚料理菜單。

　　原本第一選擇是正對三崎港，建築氣派古老如同宮崎駿動漫中海龍王宮殿，創業於 1908 年的「三崎港本店」。可是最

後改為前去人氣店「まぐろ食堂 七兵衛丸」，決定關鍵是這家的海鮮蓋飯食材豐盛，比「三崎港本店」高雅鮪魚套餐分量多更多。

　　「まぐろ食堂 七兵衛丸（原名是食事処魚音）」，由老舖海鮮批發、販售商「魚音」直營。「まぐろ食堂 七兵衛丸」老舖作風非常大氣，菜單上的午餐套餐幾乎都可以利用「鮪魚餐卷」點選。Milly 選擇享用的是光看料理圖片就被吸引，色香味俱全放入鮪魚生魚片、灼燒鮪魚排、炸物、煎蛋卷的「三浦どん（三浦海鮮蓋飯）」。吃完後的感想是，果然不愧是鮪魚之里，鮪魚料理真是名不虛傳的好吃又新鮮。不利用三崎鮪魚票，享用這套餐可是要 1620 日圓，莫名揚起賺到的好心情。

▌**まぐろ食堂 七兵衛丸**
▌地　　址　神奈川県三浦市三崎 5 － 5 － 4
▌營業時間　9：00 ～ 17：00（週日 7：00 ～）

三崎漁港老街好感度飆升

　　豐盛飽足鮪魚午餐後，先是目標「まぐろ食堂 七兵衛丸」前的碼頭直銷市場，只是出發前原本信誓旦旦一定要吃的鮪魚包子卻已經吃不下，於是更換動線前往巴士站旁進入的三崎港商店老街，試圖找間風味不錯的咖啡屋小歇。

　　原本沒有帶著太大的期待，甚至有些小看低估三崎港，以為不過就是一個鮪魚好吃的漁港。怎知才踏入帶著漁港老街風情，巷弄蜿蜒如迷路的三崎港商店街不久，就發現了不少和洋融合的老建築和新舊情緒並存的個性店家。

　　可以去好奇探訪的像是，位在碼頭公車亭對面，只在週六、週日和週一營業，以五十年洋風精品店白壁老屋改造，二樓窗邊座位可以眺望漁港海景，自家製手工蛋糕頗受好評的「喫茶と雑貨 雀家」。其他還有販售大正、昭和風味雜貨、家具、古道具的「ROJI」、古董店「古今アンティークス」等等。

可愛的「misaki donuts」甜甜圈

　　單是建築風貌就讓 Milly 被吸引進入的手工甜甜圈咖啡屋「ミサキドーナツ/misaki donuts」，外觀是悠然老房子風情，內裝卻是走清新雜貨風。

　　「misaki donuts（三崎甜甜圈）」位在三崎商店街，單從店名也可以看出端倪，知道這是間發源自漁港的純手工甜甜圈專門店。目前除了三崎港本店外，misaki donuts 在鎌倉和逗子也有分店。

　　misaki donuts 本店所在的改裝老房子，原是商店街「フシミ時計店」營業 80 多年的鐘錶老店，目前一樓還看得出一些店舖殘影，二樓用餐區就似乎是原店舖老闆的住家空間。

　　店前放置有露天座位，不過會建議在一樓買了以三崎產麵粉做出的甜甜圈和飲料後，端上二樓老情緒、新感性交織的木

質咖啡屋空間，悠悠閒閒地度過不受時間約束的午後。

　　真的非常喜歡這間手工甜甜圈二樓以輕柔布幔隔間、透過復古窗花鐵窗看去的老街風景、陽光柔和灑入的大木桌角落……光是為了可以再次於這空間內度過緩緩時光，就會毫不考慮地再次來到三崎港。

　　翻閱著店內放置的生活雜誌，喝著用琺瑯杯端上的黑咖啡，配上季節限定櫻花版甜甜圈，享用著原本沒有預期在漁港得以體驗的小時尚下午茶。

　　不過下次若要再回到三崎港，會刻意選在黃昏前來到。如此就可以貪心的先在 misaki donuts 本店吃當季限定手工甜甜圈，入夜後再去就在近處，同樣是以老屋改建，misaki donuts 姊妹店的義大利小酒館「ミサキプレッソ」淺酌一杯。

misaki donuts 本店
地　　　址　神奈川県三浦市三崎 3 － 3 － 4
營業時間　11：00 ～ 17：00（週六日 10：00 ～ 17：00、週二、週三定休）

水族館邊上的灣岸風光 HOTEL
「京急油壺 観潮荘」

　　「みさきまぐろきっぷ」除了往返電車、區內巴士、午餐餐券外，還有設施利用券，可從八個協力設施，像是京急油壺水族館（京急油壺マリンパーク）、泡湯設施（海の見える海洋泉 油壺の湯）、水中觀光船中擇一利用，也可以設施利用券租借腳踏車。

　　Milly 選擇前往可以看海豚表演、鯊魚大水槽，又能眺望灣岸海景的油壺水族館。

　　當晚預定住宿在水族館入口旁的「ホテル京急油壺 観潮荘」，因此從三崎港搭乘巴士前往水族館之前，先去 HOTEL 辦理入房手續。

　　京急油壺水族館的票券大人是 1700 日圓，以設施券兌換就不用額外付費。

　　這水族館雖然腹地不大，卻可以跟動物貼近接觸。像是全面開放的海豚水池、透過餵食跟水獺握手、跟海獅一起拍紀念照片等活動。更特別的是，只要依照水族館規定項目，愛犬也可以跟著主人同行，不但如此，還可以讓狗狗參與跟海豚隔著

水箱的交流接觸。

　　此外作為鮪魚觀光地的水族館，園內餐廳「Log Terrace」提供的餐食不是熱狗、漢堡、炸雞，而是「鮪魚拉麵」、「鮪魚海鮮蓋飯」、「霜降鮪魚蓋飯」等料理。

　　不論是「ホテル京急油壺　観潮荘」或是水族館，都是從京急三崎口站搭乘往「油壺」的京急巴士，於終點站油壺下車前往。「ホテル京急油壺　観潮荘」坐落位置最大利點除了可以就近前往水族館，再來就是可以在用餐和泡湯時眺望小網代灣。

　　Milly 當晚住宿房間是附設有露天風呂的房型，從戶外露天風呂庭園不但可以俯瞰小網代灣，更幸運的是雖然房間稱不上寬敞、豪華，庭院內種植的河津櫻卻燦爛滿開中。

　　於是在整個住宿期間，不論是戶外泡湯、不論是躺在舖設床褥、不論是喝著茶放鬆，都得以沉浸在櫻花飄散的唯美氣氛中。

　　在櫻花飄落的露天風呂舒適泡湯後，晚餐選在館內的活魚餐廳「潮彩」，享用新鮮生魚片、珍味鮪魚卵、蟹肉茶碗蒸、熔岩燒豬肉和炸蝦的會席料理。

　　其實於觀潮荘泡湯、晚餐前，Milly 還繼續充分利用了「みさきまぐろきっぷ」一日券，參考時刻表把握時間搭乘巴士，越過宏偉城ヶ島大橋前去三浦半島最南端，突出於相模灣的綠意島嶼「城ヶ島」。去瀏覽海岸邊「城ヶ島燈塔」、黃昏前夕海浪拍擊的岩礁奇石以及依然殘留些許的水仙花。

　　沿著海岸規劃有步道路線的城ヶ島公園內，種植有三十萬株以上的八重水仙花，當二月水仙花遍野齊放開花時，會引入數千人潮利用假期前來觀看。

京急油壺マリンパーク

http://www.aburatsubo.co.jp
營業時間　9：00 ～ 17：00（餐廳 Log Terrace 10：00 ～
　　　　　 17：00。不同季節會有變化，全年無休）

ホテル京急油壺 観潮荘

http://www.misakikanko.co.jp/aburatsubo/

葉山女子小奢華

　　說葉山像是「小加州」或許有些小題大做，不過確實在倚傍海岸的「葉山」兩天一夜度假期間，真的感受到在鎌倉、橫濱等地滯留時完全不同的氛圍。居住在這裡的人步調悠然，像是非常懂得如何在工作與生活中取得絕好平衡，大海就像是他們客廳延長的後院，葉山是他們居住的地方卻也像是他們度假的地方。

　　因此在葉山未必有太多旅遊導覽書上記載的觀光點可以前往，卻是值得來此分享、感染葉山居民幸福生活模式的都會出發度假地。

　　Milly 從三浦半島南端的油壺離開，接著是利用兩天份的「三浦半島 2DAY きっぷ（三浦半島兩日通票）」，前去葉山同時隔日返回東京。

　　由京急電鉄發售的「三浦半島通票」有一日券與二日券兩種，可以無限次數搭乘京急線金沢文庫～浦賀間的京急本線和逗子線、久里浜線，以及通票設定區間的京急巴士。原本一度打算單純以巴士，沿著海岸線經由長井、秋谷、一色、森戶海岸到達當晚住宿的葉山「SCAPES THE SUITE」。

　　只是礙於行李上下巴士不方便，就改為先利用京急電鉄從「三崎口站」到達「新逗子站」，在車站周邊逛逛後再前往位於森　海岸的「SCAPES THE SUITE」。

逗子、新逗子

　　JR 逗子站距離京急新逗子站，大約是 10 分鐘左右的步行距離。京急巴士的起站大多在 JR 逗子站，不過也幾乎都有停靠京急新逗子站。

在逗子買偵探布丁、吃三浦半島初榨牛乳霜淇淋

　　來到逗子勢必要買來吃吃看的是，發跡於三浦半島相模灣秋谷海岸 1984 年創業的名物布丁「marlowe プリン」。「marlowe プリン」逗子分店位在距離 JR 逗子站東口出來右轉的なぎさ通り上，店舖外觀是很搶眼的布丁色。目前「marlowe プリン」除秋谷本店、逗子站前店和葉山區內的兩間分店外，在橫須賀、橫濱也有分店。

　　在逗子分店買了櫻花季節限定布丁，就是布丁上還有一朵櫻花。櫻花其實不會影響口味，只是著重在氣氛，布丁本身非常濃密，完全吻合 Milly 這超級布丁愛好者的口味。

　　根據店家建議，行家吃法應該是將布丁倒入碗中，讓糖漿、焦糖在上的挖來吃較好。不過沒信心能保持布丁完整，後來還是選擇直接以湯匙挖來吃。布丁玻璃瓶樽很扎實，據說連放在微波爐直接加熱都沒問題。說這玻璃瓶樽是「燒杯」更貼切，因為「經典款」布丁容器上還有著刻度，看上去就像是實驗室用燒杯。

　　marlowe 布丁的材料講究，用的是新鮮的北海道牛乳和優質食菜雞蛋。牛乳雞蛋以外的材料就只是砂糖和香草，強調沒有放入化學添加物，香草也不是香草精而是純正天然香草，正因如此，布丁上可以看見讓人安心的香草小黑點。

　　布丁口味繁多，容器除了經典款玻璃樽外，也有限量陶器包裝，甚至還有卡通圖案版、古雅和風版等等。

　　至於，marlowe 布丁商標上穿著風衣戴著氈帽的中年男子是誰？

　　原來是《Raymond Thornton Chandler》偵探小說中出現的私家偵探 Philip Marlowe。但是為什麼店主三十多年前要用這偵探做商標呢？答案就不得而知了。

　　「moomoo's（モーモーズ）」是以牛叫聲為店名的鮮乳霜淇淋專門店，位在京急新逗子站北口的對面。moomoo's 的霜淇淋使用的是橫須賀關口牧場每天清晨現擠鮮乳製作，因此也算是「地產地銷」的理想飲食生態。Milly 初次嘗試於是選擇了正統、強調清晨現擠的純鮮乳口味「朝しぼりミルクソフト」，真的是乳香芳醇濃郁，一點都不輸給北海道的鮮乳霜淇淋。店內使用的霜淇淋機器還是從義大利原廠購入，所以這裡

的霜淇淋就帶著義大利霜淇淋的口感。因為是鮮乳霜淇淋專門店，所以霜淇淋相當豐富，從純正鮮乳到南瓜、抹茶、啤酒、起司、橘子到每週主力推薦，洋洋灑灑地，足足有 60 種以上風味。

　　現場看見不少下課的學生或是推著娃娃車的媽媽前來，熱情地想著今天要吃什麼口味，如果住在附近 Milly 可能也會被這 60 多種的口味給迷惑，每天都想來嘗試新口味。

　　可能是靠近海岸的關係，不論是 JR 逗子站前的商店街或是京急新逗子站的周邊，漫步其中，都可以感染到當地居民悠哉的生活步調，只是不同於漁港的淳樸氣息，而是帶著些許小時尚的度假港灣城市氛圍，兩個主要三浦半島入口車站附近也都可以發現一些引起好奇，值得列入下回前來可以好奇停留的雜貨屋或是小酒館。像是 JR 逗子站前的店面白天是普通青菜店，晚上卻風味一轉，變成立食居酒屋的「立ち呑み処 寄り屋」，和位在京急鐵道平交道路線旁的和風 BAR「清水橋バル」。位在站前逗子銀座商店街上，有於 1950 年創業、以蛋糕捲聞名的大人氣糕餅店「珠屋」、受到逗子美食女子認同的義大利餐廳「Antica Trattoria IL NONNO」等等。

　　至於位在京急新逗子站南口附近，彷如美國小站商店街的「ホワイト＆グレー」內，則有著雜貨舖「sola」，和在三崎港吃過他們的甜甜圈就成為粉絲的「misaki donuts（逗子店）」。

　　在逗子站周邊短暫滯留，接著搭乘巴士前往森戶海岸，將行李放置在當晚住宿的「SCAPES THE SUITE」後，繼續利用「三浦半島二日券」前往面海的葉山美術館。

Marlowe（逗子站前店）
地　　址　神奈川県逗子市逗子１－２－10
營業時間　９：30 ～ 19：00（不定休）

moomoo's
地　　址　神奈川県逗子市逗子２－７－４
營業時間　12：00 ～ 19：00（每月第二、第四周一定休日）

因海景更加美好的葉山美術館

　　很久以前就對「葉山」這個地名有著憧憬，這憧憬其實基礎薄弱，追根究抵，不過是葉山有座面海又有著良好視野的葉山美術館。

　　至於葉山美術館有什麼收藏？是以怎樣的風格突顯於日本眾多美術館之中？ Milly 則汗顏的完全沒花心思去探索過。必須承認，Milly 對於一間美術館的喜好和憧憬，通常都建立在「美術館坐落位置」、「美術館建築」和「美術館咖啡屋」。

　　前往「葉山美術館」要搭乘往「葉山一色」的路線巴士（海岸回り，逗 11、12 系統），然後在「三ヶ丘・神奈川縣立近代美術館前」下車。

　　非假日開館前來面向一色海岸的葉山美術館，第一印象是美術館建築本體開敞且有風格，再來就是這美術館好幽靜，不論是美術館境內或是周遭都寂靜無聲，往返車輛也不多。以

白色花崗岩建構的美術館在設計時不但堅持確保 45% 以上綠地，更力求可與大海、綠意和周遭住宅融合一體，從美術館看去是與海平面平行視野，充分發揮面山向海的自然優勢。

　　Milly 期望體驗的美術館咖啡屋オランジュ・ブルー（ORANGE BLEUE）與美術館建築分開，獨立存在，因此即使不進入美術館也可以利用這間咖啡屋用餐。ORANGE BLEUE 以狹長型空間備置來遷就看海方位，於是最佳觀海位置就是最前端，往大海方位延伸的露天座位。

　　Milly 在餐廳開店同時進入順利占據這最佳座位，得以悠閒地喝杯飲料、吃點心，小小遺憾是當日天空不夠透藍，一個上午都是灰濛濛的，無法眺望到湛藍的相模灣海景，更別說是以大海為前景的富士山。

葉山美術館

http://www.moma.pref.kanagawa.jp/public/HallTop.do?hl=h
美術館開館時間　09：30 ～ 17：00（休館日週一）

ORANGE BLEUE

營業時間　10：00 ～ 17：00（週一定休日）

小加州氣息的
「LA MAREE DE CHAYA」午餐

　　離開葉山美術館繼續搭乘京急巴士在「鐙摺」站下車，前往位在海岸絕佳位置上，隸屬於「日影茶屋」的法國餐廳「LA MAREE DE CHAYA」享用潮風吹拂的午餐。

　　位在鐙摺地區於江戶時期 1661 年創業的皇家御用老舖「日影茶屋」，旗下有日本料理「葉山日影茶屋」、和菓子「葉山日影茶屋」、洋菓子專門店「Les Patisseries LA MAREE DE CHAYA」和法國餐廳、咖啡屋「Restaurant LA MAREE DE CHAYA」。

　　據說「日影茶屋」以前還有旅館住宿設施，日本大文豪夏目漱石生前每年夏天都會來此避暑度假，所以日本友人透露，如果想要體驗葉山的有錢人優雅生活縮影，只要選擇其中一間店去光顧即可。

　　帶著歐洲度假地餐廳風貌的「Restaurant LA MAREE DE CHAYA」白色獨棟洋館建築，一樓是相對價位在可接受度範圍內的「Bar&Café」，二樓是法國料理午餐套餐 5000 日圓起跳的「Restaurant」，三樓則是包場用的生日、婚禮派對宴會廳。

　　午後陽光漸漸透入，於是 Milly 選在一樓面向碼頭，高挑天井有著古典風扇，可以看到葉山遊艇俱樂部的 SUN ROOM 座位區用餐；夏日天氣更舒爽時，餐廳還會開放貼近港灣的露天座位區。

　　Milly 盤算之後點了 1250 日圓、平日限定的午餐，包含義大利麵、沙拉、咖啡和點心。如果想要小奢華些，可以點 2300 日圓的碳燒和牛午餐，或是更大人風範的選擇以三浦半島海鮮為主的海鮮料理單品。

　　初春、夏日在此用餐，可以邊用餐邊享受著微微海風吹拂，耳邊聽著海浪與海鷗的聲音。天氣轉涼後室內會使用柴火燃燒的火爐，到時又是另一種可以期待的「非日常」度假風情。

　　葉山是日本帆船的發祥地，而作為葉山主要遊艇停泊處的 HAYAMA MARINA（葉山マリーナ）就在 Restaurant LA

MAREE DE CHAYA 旁邊，於是午餐後就繞去看看。

從 HAYAMA MARINA 正面可以一眼望去江之島和富士山，因為海面視野遼闊，黃昏景致尤其吸引人，為了從這裡看夕陽，專程開車前來的情侶不在少數。

HAYAMA MARINA 除了作為富豪、遊艇玩家的遊艇停靠碼頭，內部也有著對外開放營業的運動服飾店和餐廳等等。餐廳不多，但風味各異，從紐約風漢堡、廣東料理、日本料理都可以享用。天氣絕佳的日子，若想徜徉於大海，也可以提前預約從 HAYAMA MARINA 出發的遊艇觀光行程，像是熱門的 45 分鐘、一人 3000 日圓的「江ノ島・裕次郎燈台周遊」。

LA MAREE DE CHAYA

http://www.chaya.co.jp/lamaree/
地　　址　神奈川縣三浦郡葉山
　　　　　町堀內 20 － 1
營業時間　10：00 ～ 21：00
　　　　　（除新年假期外，全
　　　　　年無休）、午餐時間
　　　　　11：30 ～ 14：30

葉山マリーナ
(HAYAMA MARINA)
http://www.hayamamarina.com

兩天一夜
「非日常小奢華」的 SCAPES THE SUITE

　　在三浦半島輕旅行的最後一日，選擇預約住宿面向葉山森戶海岸的「SCAPES THE SUITE」。「SCAPES THE SUITE」於 2007 年開業，是僅僅配置了四間風格各異、全海景套房的 All suite 設計風度假 HOTEL。一晚住宿含早餐兩人約是 45000 日圓起，一人住宿則是同樣是 40000 日圓上下。

　　只是為什麼要花上不斐住宿費，住宿在這觀光資源未必豐富，在知名度上也尚未被認知的東京近郊樸實港灣呢？

　　當初吸引 Milly 憧憬住宿的是「SCAPES THE SUITE」坐落的位置，可以從房間無距離的聽著海的聲音、打開窗戶感受海風、奢侈地擁有大海時刻的光線變化。

　　更重要的是，可以在此模擬憧憬葉山日常生活的同時，又可以脫出理所當然的日常，享受理想中的「非日常」。度假型 HOTEL「SCAPES THE SUITE」名稱的涵意正是「歡迎進入美麗的景觀中，這一日我們從日常中脫出」。

　　實際住宿後，Milly 感受到的「SCAPES THE SUITE」兩天一夜時光，比期待更豐富卻也更悠然。「SCAPES THE SUITE」四間套房分別以代表葉山自然的顏色配置，Milly 住宿的以黃昏夕陽安穩赤紅為主題的「メープルローズ（Maple rose）」房型，在摩登設計風中呈現著舒適柔和感，家具、家飾配置充滿質感且具品味。與白色空間互相輝映的薔薇色家具跟窗外海面的蔚藍建構出的空間，不論從哪個角度看去，都像是裝潢雜誌裡介紹美好生活的一頁。

　　進入房間，映入眼簾的是面向海的陽台、以防霧玻璃跟房間隔間的大浴室、舒適的大睡床、放置了雜誌畫報的書桌，和流線型的種種視聽設備，心情雀躍不已。而看見客廳沙發桌上擺放了冰鎮的香檳和馬卡龍點心，冰箱裡放置著多種任你喝的飲品，其中還有早就想品嚐的葉山在地啤酒，更是雀躍到最高點。

　　在滯留期間隨性地喝著香檳，從陽台看去，沙灘上帶著狗狗散步或是慢跑的葉山人。沿著森戶海岸沙灘走去面海的「森戶神社」，據說在這裡舉行和風婚禮的人最期盼的是，儀式進行時，以海那端耀眼的富士山為背

景。之後沿著海岸邊上的住宅區散步，羨慕著這裡的居民可以擁有這麼多美好的咖啡屋和各國風味小食堂。

回到房間喝著葉山啤酒，吃著房間準備的薯片，放空眺望墜入黑夜前的黃昏海面。晚餐來到一樓有著開放廚房的都會風碳烤餐廳，喝著白酒，品嘗著海鮮料理。睡前開著空間迴旋音樂放鬆泡澡，睡時將音響關掉，單單讓海浪聲音伴著入眠。

一早起來，走出陽台發現蔚藍海面上浮現了富士山，於是一刻都不想耽誤地立刻走到海邊，只是看著海平面上浮現的迷離夢幻富士山景致。晨間沙灘依然是一派悠然，不由得再次羨慕住在這裡的人，可以在如此美麗的景致中開始一天的生活。

早餐前工作人員電話告知預約時間已到，可以前往頂樓有著露天浴池和按摩浴缸的SPA。進去又是一個驚喜，原來工作人員在浴池邊上準備了冰涼礦泉水和酒香水果凍。

CHECK OUT時間是下午一點，時間充裕，無需匆忙。吃著送到房間以三浦半島蔬菜調理的豐盛早餐，計畫著待會還可以去到海岸邊上的「sola」咖啡屋喝杯咖啡，以相機鏡頭拍下那以海為背景的巴士亭。

如此恣意、隨心所欲地一個人享受飄飄然的樂趣，沉浸在被自己細心寵愛的幸福裡。

SCAPES THE SUITE
http://www.scapes.jp/english/hotel.html

Chapter 4
品川新視野

品川魅力再發現

個人的偏好使然，比起新宿 Milly 一直喜歡品川多一些。

品川車站雖然沒有東京、新宿車站的大規模，但是大小剛剛好，容易掌握不致混亂。品川站大樓內有提供各式早、中、晚餐的美食餐廳，有大型超市、百貨公司，有麵包屋、人氣拉麵店、咖啡屋。走出車站，沒有過於煩囂、複雜、混亂的街道，大部分的 HOTEL 也都可以步行前往。

更重要的是，品川有往返羽田機場、成田機場的便捷快速交通，加上品川成為新幹線車站後，以品川為據點，前往大阪、京都動線順暢。

同樣順暢動線是以品川作為出發車站，前往鄰近「橫濱」、「鎌倉」、「熱海」、「橫須賀」、「三浦半島」等海岸地區，方便進行都會脫出小旅行。若真要挑品川的毛病，大概就是品川站周邊沒有地鐵站聯絡東京都心其他區域，只能利用山手線等鐵道路線或是巴士。

從三浦半島度假回來後，Milly 選擇住宿在面向品川站，位於小高台上的「京急 EX イン品川駅前（京急 EX INN 品川站前）」。

這次住宿的是高樓層房型，從窗外看去風景非常遼闊，天氣晴朗的日子居然還可以看見富士山，這是以前從沒想過的，居然可從品川 HOTEL 房間看見富士山呢！

商務、觀光飯店的自助早餐餐廳是不可少的，「京急ＥＸイン品川駅前」也不例外，只是周邊有待好奇的早餐選擇很多，於是就只保留了一天 HOTEL 早餐券，用來前去大廳旁的「ガーデンレストラン（花園餐廳）」享用自助早餐。

飯店自助早餐多數千篇一律，但偶爾也會在千篇一律中突出某些風格。如果找不出太大的突出點，Milly 就會自己來玩「早餐裝美美」遊戲。就是儘可能的利用現有早餐菜色，排列出彷彿是咖啡屋早餐套餐的樣式。這時就要感謝「京急ＥＸイ

ン品川駅前」的用餐托盤很不錯，可以順利演出小時尚早餐擺盤風貌。

「京急ＥＸイン品川駅前」客層中不少海外商務客，因此在規格上與其說是觀光飯店，其實更貼近商務 HOTEL。或許是這樣的客層背景，所以三樓接待大廳旁紐約都會風情的「GARDEN CAFE with TERRACE BAR」，就經常可以看見穿著西裝在此會商或是飲酒放鬆的歐美商務人士，另外二樓夾層內的西班牙古堡風情酒吧「bar segredo」看來也很有風味，吸引不少非飯店住宿客人專程前來。

整個 HOTEL 所屬大樓內，還有日本料理、中餐、牛排館、東南亞美食和夏威夷風味餐廳等多種選擇。整個區域不論是 HOTEL 或是餐廳，都涵蓋在複合設施「品川 GOOS（SHINAGAWA GOOS）」之下。因此要搜尋住宿期間可以利用的餐廳美食，就必須透過 SHINAGAWA GOOS 網站。

SHINAGAWA GOOS
http://www.shinagawagoos.com

在 ENOTECA 為自己準備一杯情境歡迎美酒

在 CHECK IN「京急ＥＸイン品川駅前」後，尋找午餐餐廳和前往「原美術館」前，先來到幾次路經時留意的酒店咖啡屋「ENOTECA」淺酌一杯，算是作為給自己的「Welcome Drink」。

本店在廣尾的「ENOTECA」高輪店，坐落在品川站正對面「京急 Shopping Plaza Wing WEST」二樓絕佳位置。坐在窗邊位置可看去一樓往返人潮、都會車站景觀和豐饒行道樹風景。不失為一個跟朋友會合，或是住宿品川期間小酌一杯的好選擇。

在 ENOTECA 買了心儀的美酒後，可當場找個視野不錯的座位享用，但就要酌收開瓶費一千日圓。店舖主要營業項目是輸入紅白酒的販售，在店內附設咖啡店內，除豐富的杯酒選擇外，MENU 上也有提供咖啡、簡餐、點心等服務。

不但如此，這裡最人氣的餐食，還是很花功夫以該店進口紅酒長時間熬煮的ビーフシチュー（燉牛肉套餐），午餐時段包含一杯紅酒或白酒的「酒店燉牛肉套餐」是 1080 日圓。讓愛酒人士異常開心的是，午餐杯酒續杯不過是 324 日圓的歡喜價。

ENOTECA 高輪店

地　　址	高輪４－10－18京急ショッピングプラザ ウィング高輪 WEST 2F
營業時間	週一至週五 11：00 ～ 21：30（不定休）週末假日 10：00 ～ 21：00

つけめん 煮干そば TETSU 的投石滾燙沾麵

　　2004 年 11 月 1 日於「京急品川駅高架下」開業的「麵達七人衆　品達ラーメン」，距離品川站高輪口徒步 1 分，是以拉麵為主題的美食樂園。

　　七間拉麵店中最人氣的是店前經常有排隊行列的「つけめん TETSU」、傳統中華拉麵的「きび 桃太郎外伝」、得過不少獎項的旭川ラーメン「さいじょう」、黑味噌拉麵店「初代けいすけ」、在拉麵激戰區「環七」搶得一席地位的「せたが屋」、以豬骨湯頭為特色的「なんつっ亭」和居然將麻婆豆腐放在拉麵上的「蒙古タンメン中本」等七間在業界赫赫有名的拉麵店。

　　「つけめん TETSU」是企圖將「つけ麵（沾麵）」發揮到極致、顛覆既有沾麵印象，同時探索拉麵不同可能性的「革命性」拉麵店。Milly 在七間拉麵店中選擇「つけめん TETSU」作為第一間品嚐的拉麵，除了該店的名氣外，更是因為吃完麵後的有趣「投石」過程。

　　Milly 點的 1120 日圓「特製つけ（特製沾麵）」，冷麵、湯料和叉燒肉、滷蛋分別放在不同餐具內端上，旁邊還放入了

一個謎樣的「鐵湯匙」（一般拉麵店多是瓷湯匙）。

　　第一印象是湯料很濃郁，根據資料「つけめん TETSU」湯頭是豬骨、雞骨動物系加上大量使用魚乾系的混合。看似濃郁的湯頭用來沾麵卻是恰到好處，忍不住一口接著一口，將Q彈口感自家製冷麵沾著濃郁湯頭吃。它的賣相未必能討女子的歡心，不過風味卻是不辜負期待的美味。

　　當湯頭有些冷時就可以呼叫店員說：「焼き石下さい！」店員就會將一粒黑色滾燙的燒鐵石（焼き石）放在鐵湯匙上，自行將這鐵石放入湯內，就咕嚕咕嚕加熱起來，又可以繼續用回熱的湯料沾冷麵吃。

　　2005年「つけめん TETSU」於千駄木創業，之後迅速展店，除了品川外，在東京的渋谷、赤羽、御徒町等區有十多間分店。

▌つけめん TETSU（品川店）

▌地　　　址　東京都港区高輪 3 － 26 － 20 品達ラーメン
▌營業時間　現在暫停營業，預計在 2016 年 5 月開始營業

摩登貴族氣息的原美術館

　　品川站周邊有水族館、電影院、保齡球場、釣魚池，是東京情侶約會的必選地區之一。

　　本來去年 3 月在品川住宿時，打定主意，這回絕對要去王子飯店旁的「エキマエ水族館（EPSON 水族館）」。怎知這距離品川站不過兩分鐘路程的水族館居然在 2005 年開業後，決定於 2015 年初進行大型翻新，於是又錯過了前往時機。

　　（註：エキマエ水族館已於 2015 年 7 月重新開張。）

　　錯失了前去水族館的契機，不想錯過同樣一直想去卻總是未能排入行程，同樣靠近品川站的「原美術館」。

　　微妙的是，印象中知道「原美術館（Hara Museum of Contemporary Art）」可以從品川站走路過去，但是確實的距離和方位卻完全沒有概念。

　　實際前去後的認知是，的確可將原美術館納入品川車站周邊，不過要說可以輕鬆走過去，倒也很難隨意推薦。

　　Milly 是在吃了濃郁拉麵充了電後，採取邊問邊走的順路散步方式，大約花了 20 多分鐘才到達位在高級住宅區中的美術館。根據官方資料顯示，從品川站走去原美術館是 8 分鐘。好在回程在掌握大致方位和距離後，發現可以利用一旁「東京マリオットホテル（Tokyo Marriott Hotel）」和商業大樓的免費接駁車返回品川車站，節省不少時間和體力。

　　原美術館是以 1938 年建造的實業家「原邦造」私人宅邸改建，於 1979 年由屋主孫子「原俊夫」以展示現代美術為分野作為美術館開館，常設展有大家熟悉的奈良美智空間「My Drawing Room」。

　　跟原美術館初面對的印象是，這是間很有氣質、品味的美術館。只是跟這寧靜、優雅美術館空間大異其趣的是，原美術館作為現代美術館，展示作品多數頗為前衛，Milly 前去時展示的是蜷川実花的異色寫真作品。所以或許可以說，原美術館是一座帶著摩登叛逆氣息的貴族風美術館。

　　想必是在海外風評也不錯的美術館，滯在期間遇見不少歐美的旅客在館內穿梭。

　　在陽光穿透的私人宅邸美術館建築中遊晃，感覺與城市喧囂已然隔絕。可能是整體氣氛舒適優雅，因此原美術館多次被雜誌票選為最喜歡的美術館之一，更經常位居東京最喜歡美術館第一名。

　　依照日本女性雜誌推薦，來到原美術館的標準鑑賞模式是，參觀美術館展覽的同時，還要在面向草坪花園的咖啡屋「Café d'art（カフェ ダール）」，享用以展示期間作品為發想，每回不同的「イメージケーキ（特展主題蛋糕）」。

　　午餐時間的菜單風評也不錯且飲料選擇齊備，所以不少人甚至會將這裡歸納為私人宅邸改建餐廳，而非只是喝杯茶小歇的美術館咖啡屋。「Café d'art」在天氣晴朗暖和時，會將落地大窗整個打開，讓窗邊座位成為更怡人的露天座位。

原美術館

http://www.haramuseum.or.jp/generalTop.html
營業時間　11：00 ～ 17：00（週一休館）、入館料 1100 日圓

紐約早餐女王「Sarabeth's」

　　一連在品川的「京急ＥＸイン品川駅前」住了四晚，每天上午從品川出發消費「南青山」「廣尾」、「谷根千」、「銀座」的人氣新店家，探索東京「西荻窪」、「つつじヶ丘」「奧神樂坂」、「二子玉川」等備受女性雜誌關注風味的新區塊，然後晚上帶著疲憊和滿足的心回到品川。順應這樣步調又不想太匆忙，於是總會在吃了愉悅早餐後才出發，入夜回到飯店休息梳洗之後一身舒爽，再喝杯小酒，緩慢享用晚餐。

　　多次住宿品川站前 HOTEL，以往已經在品川站內「ecute」六點開店的蕎麥麵店「吉利庵」、7 點開始營業的法國麵包「PAUL」、露營主題餐廳「camp express」、立食壽司「魚がし日本一」、菜單上有モーニングラーメン（拉麵早餐）的「TOKYO 豚骨 BASE MADE by 博多一風堂」，享用過不同風味的美味早餐。

　　這回，一開始就決定繼續開發品川站美味都會早餐，只是範圍改在出了票口的車站大樓。

2012 年 11 月於新宿車站開了第一間分店，有紐約早餐女王名號的「サラベス（Sarabeth's）」，早已在東京闖下一片江山。2014 年 7 月開店的品川分店位在複合商場品川アトレ（Atre）四樓，早餐是 9 點於開店同時提供，所以對於一向早起的 Milly 來說，自然被迫變成更悠閒的假日早餐。

為避免排隊人潮，選在非假日前去，不過還是見識了人氣早餐店的威力，即使 Milly 進入時不用排隊，但是開店後 20 分鐘不到，店內已經坐滿陸續前來用餐的客人。

在內裝帶著名流餐廳貴氣的 Sarabeth's 吃早餐，是要吃近日風潮的法國土司、班尼迪克蛋、還是放上莓果的鬆餅？猶豫的結果，選擇品嚐 1981 年紐約曼哈頓一號店菜單上就存在的基本款鬆餅「レモンリコッタ パンケーキ（Lemon and Ricotta Pancakes）」早餐。跟 bills 的做法一樣，Sarabeth's 的早餐也沒有含飲料的套餐可供選擇，於是又加點了同樣是 Sarabeth's 人氣餐點之一，以香蕉、蘋果、鳳梨、葡萄柚四種水果調製的「フォーフラワー（Four Flowers）」鮮果汁。

如此當盤內放入藍莓、覆盆子、帶著檸檬、柑桔風味的鬆餅早餐端上時，就完成了符合該店講求「健康、豐盛」的果實早餐。

放入四片鬆餅的早餐分量扎實，因為帶著淡淡的檸檬香氣，吃起來不至於有過於厚重的感覺。鬆餅加上果汁 2070 日圓的價位也是女王架式，符合假期中「小奢華優雅早餐」的期待。

Sarabeth's 品川店
地　　址　東京都港区港南 2 － 18 － 1 アトレ品川 4F
營業時間　9：00 ～ 24：00（依照大樓公休日）

食品精品店「DEAN & DELUCA MARKET」的都會風貌早餐

原本就很喜歡這間位在品川 Atre 二樓的「DEAN & DELUCA MARKET」，幾乎每次都是來此吃早餐，如果沒記錯的話，前後可能已經來過四次以上。

「DEAN & DELUCA MARKET」旨在提供世界各地食品、傳遞美味，帶給人們快樂信念的美式高級食品超市。不過能將食品店包裝得如此都會灑落，就會認定「DEAN & DELUCA MARKET」不單是高級食品超市，更是食品精品店。同時店內不論是商品擺設、店員應對、顧客類型，在情境、畫面上都完全是「THE 都會」氣氛。

為什麼獨獨偏愛在品川的這間「DEAN & DELUCA MARKET」，是因這間店不但跟品川車站港南口直結，更位在通往附近高層大樓辦公區的必經路徑上。

Milly 慣例選擇靠窗高腳椅座位，因為十分偏愛一面享用這裡的都會風貌早餐，一面觀察穿著俐落西裝、套裝，踩著快速腳步通過店前的日本企業戰士們。

久違的「DEAN & DELUCA MARKET」早餐 MENU 豐富也超值許多，咖啡加上現烤奶油厚片土司不過是 500 日圓。這份品川店限定供應土司早餐，不但超值，更是讓人拍手稱好的美味。鹹味奶油融化在調入豆乳的綿密金黃烤土司上，是一口咬下去就忍不住一口接一口的迷人滋味，完全抓住了 Milly 這個「土司控」的心。

居高臨下觀看匆忙東京上班族的星巴克早餐

　　正對品川站新幹線入口的星巴克，裝潢未必有特色，視野卻是一流。尤其是面向新幹線入口、居高臨下的座位，更是有著絕佳的視覺張力。

　　對於東京人或許早已見怪不怪，但是對於海外遊客來說，坐在這位置看著上班下班時間，如同潮水般一波又一波的移動人潮，簡直是東京上班族的殘酷生存實境秀，看在眼裡，或許比什麼觀光風景都讓人印象深刻。

▌DEAN & DELUCA MARKET 品川店
地　　址　東京都港区港南 2 － 18 － 1 アトレ品川 2F
營業時間　7：00 ～ 23：00（無休）

品川車站內 600 日圓的
Marche Kodama 生火腿吃到飽早餐

　　無意間從日本綜藝美食節目獲知，居然～居然，在品川站內有間「Marche Kodama（バル マルシェ コダマ エキュート品川店）」，可在早餐時間以「600 日圓（含稅是 620 日圓）」進口生火腿吃到飽後，就不時幻想著，如果能實際前去嘗試該多好。

　　Milly 非常喜歡吃生火腿，卻也深知好吃生火腿絕對不便宜。600 日圓吃到飽，真是太夢幻級價位，畢竟有時兩、三片薄薄生火腿就要 600 多日圓，不是嗎？！

　　只是這生火腿早餐吃到飽之所以造成話題，除了價位是罕見的生火腿吃到飽外，不少人為了享用這道生火腿早餐，不惜在開店兩、三個小時前的凌晨排隊，更是引發話題的主因。若是真要等上兩、三小時才能享用，即使多麼划算也要好好思考，畢竟此舉太壯烈也太浪費時間。

　　原本已經幾乎想要放棄，怎知某天恰巧必須在上午七點後進入品川站，於是碰碰運氣前往探看，頓時發現有機會成功。未

開店拉上的鐵捲門前已有十多人排著隊，但不如想像中的盛況，於是就姑且加入了排隊的行列。就這樣排了 30 多分鐘，意外地順利取得縱情吃生火腿當早餐的機會。更幸運的是因為 Milly 是一個人，剛好櫃檯座位就剩下一個座位，在 Milly 前面的兩組兩人客人必須先離開，拿了之後用餐時間的號碼，等下一用餐時段再來。

（在分享這暴食生火腿早餐體驗前，還有一件事情必須提前說明。因為「Marche Kodama」位在品川站通過票口進入的「エキュート（ecute）」商場，所以要進入用餐必須先購買 130 日圓入場券。不過像是 Milly 這樣手上有 JR 一日券或是之後還要前去其他車站，手上握有已買好的目的地車票，自然就無需刻意購買入場券。）

終於等到 8 點開店排隊進入後，先是付帳，之後被引領到排隊時已經告知的座位。

「Marche Kodama」本身是城市風貌生火腿販售店兼餐廳，如果晚上前來應該很難想像，一大早有一群人這樣大啖生火腿當早餐。

放置無限供應生火腿、燻香腸、蔬菜湯、沙拉和麵包的櫃檯是最熱門的座位區，櫃檯旁有幾張靠窗邊座位，另外就是戶外露天座位，因此一次大概只能讓 20 多個客人進入用餐。櫃檯和窗邊座位間距狹小，說實話，用餐氣氛並不是太好，甚至還有些混亂，跟玻璃櫃內放置動輒千元的高級生火腿片，以及店內刻意營造的都會裝潢有些落差。

不過當初的動機也只是好奇、志在體驗，同時看在高級生

火腿可以無限量吃到飽的份上，就不計較那麼多了。

　　真是重在體驗罷了，畢竟即使多麼愛吃生火腿，一大早怎麼也吃不了太多，何況生火腿之所以美味是因有美酒相伴。

　　現場所見，平日斯文印象的日本人來到這裡還真的都擺出「拚了」的架式，連續拿上三～五輪，盤子堆放著高高生火腿、燻香腸的大有人在，好厲害！

　　至於關鍵的結論，可以吃回本嗎？真的好吃嗎？

　　基本上為了不毀損該店本業招牌，即使是無限量供應，生火腿質感都還是有其水準。

　　畢竟還是由 1956 年創業「株式会社コダマ」開設的餐廳，肉類加工食品也都是依照傳統歐洲手藝製作，只是一大早一直吃鹹味生火腿還是有些許吃力。

　　至於能不能回本？用餐後經過店前販售玻璃櫃時，刻意CHECK 一盒盒薄片火腿的價錢，不由得露出滿意的微笑。

　　PS：Marche Kodama 的香腸、燻肉等午餐套餐約 1100 ～ 1800 日圓，晚餐喝些酒、吃點下酒菜，預算就要訂在 2000 ～ 5000 日圓之間。

バル マルシェ コダマ エキュート品川店

地　　址　東京都港区高輪 3－26－27 エキュート品川 1F
營業時間　8：00～22：00（週日～20：30、吃到飽早餐
　　　　　8：00～11：00）

THE CITY BAKERY 的晨光與夜色美食

　　Milly 先是晚上經過時被店內透出的歡愉用餐氣氛吸引，於是進去以冰鎮白酒享用了美味海鮮洋風料理。第二天早上再次經過時，驚訝於夜晚帶著歐陸酒館風情的餐廳，在白日陽光下居然化身成了活力滿滿的麵包店咖啡屋，於是又被吸引進去，吃了麵包配上紅茶的都會早餐。

　　只是當時完全沒察覺，這間白天、黑夜不同面貌卻是同樣魅力的餐廳並非東京製造，居然是來自紐約的人氣麵包屋「THE CITY BAKERY」的東京品川分店。

　　「THE CITY BAKERY」1990 年於紐約聯合廣場開業，2014 年於大阪展開第一間海外分店，2013 年 11 月品川店開張，之後是廣尾店。

　　二十年以上歷史的紐約老舖麵包屋「THE CITY BAKERY」看重日本市場的進駐，不但在日本積極設立分店，更與日本工作人員一起針對日本都會食文化，規劃了獨立發展的餐廳「RESTAURANT & BAR THE CITY BAKERY」。

　　「THE CITY BAKERY」品川分店因此包含了麵包屋「THE CITY BAKERY」、「Bakery & Cafe」和「Restaurant & Bar」等三個營業空間，在不同時間點有著不同風貌，是可以早餐、早午餐、午餐、下午茶、入夜前的淺酌、朋友聚餐、一個人的晚酌等，以不同目的去利用的美食空間。所以即使Milly不過是來此享用過早餐和晚餐，卻已經預想日後只要住在品川，一定會經常來到這裡用餐、喝酒。

　　首先最重要的是用餐氣氛絕佳，明明位在東京，卻同時能體驗到紐約都會風情。此外麵包好吃不在話下，不講求外觀，力求將食材最真實美味呈現的料理也同樣讓人滿意。紐約本來就是文化的大熔爐，因此日後同樣可以期待在總體稱為「RESTAURANT & BAR THE CITY BAKERY」的用餐空間內，享用到集合不同國家料理菁華的美食。

THE CITY BAKERY（品川店）
地　　址　東京都港区港南２－１８－１アトレ品川2F
營業時間　７：３０～２２：００（BAR～２４：００不定休）

在「ぬる燗 佐藤 御殿山茶寮」喝杯溫熱醇酒

　　位在品川車站內，以半開放和風摩登的用餐空間來吸引往返旅人的「ぬる燗 佐藤 御殿山茶寮」，是表現日本和食精髓的新型態居酒屋，也是致力於開展「新酒食文化」的都會居酒屋。

　　Milly 四晚住宿品川期間，連著兩晚都選擇在此用餐，正是喜歡這裡專注於日本酒專業，同時又能在料理上具備創新態度的緣故。甚至想過，假若 Milly 是東京人，要招待海外友人用餐，「ぬる燗 佐藤 御殿山茶寮」也必是首要選擇之一。

　　進入洋溢著昔日大眾酒場氣氛的寬敞店內，客人首先會被大櫃檯的活絡用餐氣氛吸引，之後目光一定會注視那一整面牆上壓倒視覺的日本酒擺放規模。

　　「ぬる燗 佐藤 御殿山茶寮」在店內經常保存 200 多種來自日本各地的日本酒，更期待能推廣不同日本酒以不同溫度表現，會出現不同風味的新觀念。正如店名「ぬる燗 佐藤 御殿山茶寮」顯示，這家店真的很講究酒的溫度，據說光是溫酒的溫度就可以分為「熱燗」、「人肌燗」、「冷や」等十一個階段。如果真的不是那麼熟悉，大可請工作人員推薦，Milly 則是一如往常地先問問店員哪個酒比較有清爽甜味，然後端看酒名浪不浪漫、酒標美不美，單憑直覺選擇當晚的日本酒。在這裡不單是選酒品、選溫酒度數，連使用的酒杯也可以從眾多手工酒杯中選擇自己喜愛的。

　　第二次前來時，Milly 酒興絕好調，就改為選擇可以同時品味到三種熱門日本酒「獺祭、十四代、久保田」的「日本酒飲み比べ（日本酒評酒 SET）」。

　　喝溫酒時，Milly 點了醃製入味的碳烤品牌豬肉片和碳燒山雞腿肉柚子鹽風味；喝冷酒時則點了該店招牌，撒上鮭魚卵的馬鈴薯沙拉和蟹肉塔。

　　店內除了最熱門大型櫃檯座位和適合聚餐的座位外，也有站著用餐飲酒的立食立飲區，以這個角度看，「ぬる燗 佐藤 御殿山茶寮」還頗適合一個人前來喝酒用餐，出發搭乘新幹線去下一個城市或是搭機前的淺酌也很適切。此外明明是居酒屋，午餐時間的套餐選擇卻是非常豐盛，從牛排、生魚海鮮蓋飯到炸蝦飯、天婦羅蕎麥麵，一應俱全。

ぬる燗 佐藤 御殿山茶寮

地　　址　東京都港区高輪 3 － 26 － 27 エキュート品川 2F
營業時間　11：00 ～ 23：00（週日假日～ 21：00）

Chapter 5
羽田機場
好吃好玩好樂趣

　　機場是國家門面和玄關，關乎著這個國家以怎樣的禮數和態度來迎接拜訪的客人。機場也是回家的門，尤其是長途、長期旅行踏入國門瞬間湧上的安穩感，每回感受都依然深刻。只是 Milly 在機場的步調總是期望快快快之外還要更快，除非是逼不得已的誤點或是長時間轉機，否則不甘願在機場枯等，浪費時間。不少機場引以為傲的免稅店規模，也無法構成滯留機場的興致。

　　改變這既有觀念的，依然是最懂得討好、引誘消費，但又很龜毛、認真的日本人。

　　以往認定最值得多花時間停留的是北海道新千歲機場，利用過新千歲機場的人勢必會留下「怎麼那麼好買」、「怎麼那麼好吃」的絕佳印象，光是為了機場內可以吃到「梅光軒」等北海道十多間名門拉麵的「北海道拉麵道場」，和可以吃到帶廣豬肉蓋飯的「市電通食堂街」，已經讓人不惜提前數小時到達，更別說還有那些必買的薯條三兄弟、白色戀人、六花亭、Hori 哈密瓜果凍、花畑牧場牛奶糖。

　　另一個頗推薦出境時多留些時間的是名古屋中部機場，在機場大廈四樓規劃成懷舊庶民街道「ちょうちん横丁」，可以享用到「まるや本店」以 160 多年醬汁碳烤的名古屋名物鰻魚飯（ひつまぶし）、名古屋名物的「天むす（炸蝦飯糰）」和「世界の山ちゃん」的雞翅「幻の手羽先」。

　　只是萬萬沒想到，為了可以更充分享用機場美食，Milly 有一天居然會不惜住在機場，只因號稱美食寶庫的羽田機場，和跟羽田國際機場出境大廳直通的「ROYAL PARK HOTEL 羽田」。

HOTEL CHECK OUT 櫃檯
距離登機 CHECK IN 櫃檯 1.5 分鐘

　　「ROYAL PARK HOTEL 羽田（羽田皇家花園酒店）」於 2014 年 9 月開業，心想不如順勢住宿在機場內，徹底盡情逛逛早已耳聞日日進化中的羽田機場。住宿前雖已預先知道 HOTEL 跟國際機場出境大廳位在同一樓層，但是實際出了京急「羽田空港国際線ターミナル站」，拖著行李，往目標「ROYAL PARK HOTEL 羽田」前進，通過三樓出境大廳時，才驚訝於這間 HOTEL 跟航空公司櫃檯的完美距離。

　　然後住宿第二天，當辦完退房手續離開，花上一分多鐘就可以一直線走到航空公司櫃檯的暢快感，真是太棒了！有了這回經驗後，Milly 開始盤算下回利用羽田機場進入東京，乾脆也預約在「ROYAL PARK HOTEL 羽田」，如此就得以一出關就瞬間移動到 HOTEL，丟下行李就開始旅行。

　　「ROYAL PARK HOTEL 羽田」大廳明亮且頗有設計風，可惜 Milly 預約的 premium 樓層雙人房不是能眺望飛機起降的房型，不過據說天氣很好時可以看見富士山。

　　房間格局不是太寬敞，但每個細節都規劃得兼具功能性和舒適性，為了突顯位在機場內的特色，床頭櫃還設計成皮箱模樣。此外選擇 premium 樓層房間會享用很特別的額外服務，就是在辦理出境後可於機場內該 HOTEL 過境旅館的「Lounge」休息喝杯飲料，感覺上好像利用了航空公司的 VIP 休息室一樣。

　　為了早班機的客人，一樓餐廳「TAILWIND」早餐供應從 5 點開始，Milly 則是在開到凌晨 3 點的餐廳兼酒吧晚酌了一杯。

ROYAL PARK HOTEL 羽田

http://www.rph-the.co.jp/haneda/

從國際線一直吃到、買到國內線

　　東京羽田機場國際航站經歷了長達六年的規劃整修，於2010 年 10 月 21 日重新啟用，集合了餐廳、書店、伴手禮小舖、眼鏡行……等等，有如昔日江戶街道風情的機場內商場「江戶小路」也同時開張。延續著「日本意象」的主題，2014年 8 月 28 日在羽田機場國際航站的出境大廳誕生了更耀眼的象徵，檜木跨越四樓、五樓，彷彿在日本大河劇才會出現的「はねだ日本橋（羽田日本橋）」，在這日本橋下方新設的「おこのみ横丁」集合了東京代表性的老舖，像是可以買到新鮮出爐紅豆麵包的銀座老舖「木村屋」、鰻魚店名舖「つきじ宮川本廛」、和風甘味　「浅草梅園」、米菓老舖「一心堂本舖」、東京日本橋鰹節專門店規劃的「日本橋だし場」、和下町根津豆腐店「根津とうふ工房須田」等等。

　　可以在離開日本前就近消費老舖真的很棒，於是 Milly 先是在「日本橋だし場」買了好吃的便當、在「一心堂本舖」吃了紅豆抹茶麻糬作為點心。之後在第二天搭機離開前，還在「木村屋」買了一袋當日剛出爐的紅豆麵包，隔日跟著家人一起享用這來自東京老舖的麵包早餐。

　　「一心堂本舖」更是非常推薦可以購買的伴手禮，他們的薑糖、青菜脆片等包裝非常和風，此外歌舞伎傳統藝術臉譜的面膜，更是針對歐美人士的大人氣商品。

　　住宿在機場內 HOTEL 的一大優勢就是可以很輕鬆的採購伴手禮，買多了就近放回房間然後繼續採買，缺點則是因為羽田機場的店家規劃得很有特色和獨特性，實在頗好買，於是容易買過頭！（笑）

　　除了好買，國際航站的餐廳也多有特色，像是讓饕客垂涎三尺的老舖炸豬排「和豚かつ仙」、1893 年創業老舖「つきじ宮川本廛」的蒲燒鰻魚、米其林推薦「グリル満天星麻布十番」開設的洋食屋「Port-Side Kitchen」燉牛肉蛋包飯等等。

此外已然被 Milly 列為下次有機會住宿在羽田機場內一定要嘗試的是,前往營業到深夜、位在江戶小路「江戶前橫丁」的烤雞串居酒屋「蕎麦前処二尺五寸」、「日本の味 Suginoko すぎのこ」,如此即使喝得有些小茫,也不怕錯過電車,擔心第二天趕不上飛機。

讓人雀躍的不單國際航廈,以單軌電車聯繫的國內機場第一、第二航站,更是集合了日本全國的美食餐廳。像是大人氣「丸龜烏龍麵」、富貴水果咖啡店「千疋屋」白桃三明治、大阪「丸福珈琲店」現沖精品咖啡、讓日本人出國前撫慰腸胃的「築地 青空三代目」職人壽司等等。

美食誘惑太多只能憑著當場直覺,學著漫畫《孤獨美食家》中的主角五郎,啟動本能和自我美學,從中選擇一間用餐。

Milly 先是在國際航站享用「麵匠の心つくしつるとんたん」讓五感觸動的視覺系絕品烏龍麵,在暮色中於國內

第二航站酒吧「ワールドワインバー by ピーロート」淺酌
著《神之雫》漫畫中推薦的醇酒，第二天則在國內第一航站
「Hitoshinaya」吃了展現日本料理細膩精髓的究極白粥早餐。

　　「ROYAL PARK HOTEL 羽田」有聯繫國際航廈、國內機場
第一、第二航廈的免費接駁巴士，不過 Milly 居住期間還要前往
品川，於是買了 700 日圓「モノレール」的一日券，充分利用。此
外除了跟國際航站直通的「ROYAL PARK HOTEL 羽田」，Milly
很推薦的還有價位平實許多，位在國內機場第一航廈跟入境大
廳直通的「ファーストキャビン羽田（FIRST CABIN 羽田）」。
http://first-cabin.jp/locationlist/haneda-terminal1.html

觸動五感的
「麺匠の心つくしつるとんたん」烏龍麵

在「麺匠の心つくしつるとんたん」享用烏龍麵，會讓五感頓時感動起來。這裡的烏龍麵講究手工桿麵、麵條入口滑順，又不失咬勁Q彈。高湯入味跟著烏龍麵入口時，依然可以嗅到甘甜香氣。但如果光是這樣，就不會用「五感感動」來評價這間烏龍麵店。

吃過一次就被擄獲的主因還是這間店不把烏龍麵當烏龍麵看待，而是當作創意料理來烹調。包含羽田機場內的十二家店，都有著只能在這家分店吃到的限定烏龍麵，像是超脫想像的「特選和牛、松茸烏龍麵」、「蒸雞、明太子沙拉口感烏龍麵」、「茶美豚、青菜脆片烏龍麵」、「泰式酸辣海鮮烏龍湯麵」等等。

Milly那天點的是放入檸檬片，吃時一陣陣清香氣味撲鼻，放入甘甜軟嫩品牌豬肉「もち豚」、京都水菜、蘿蔔泥的夏季限定「もち豚はりはりのおうどん」。

這吃完大大回味的烏龍麵料理，端上時單是賣相已經引起食慾，像是藝術家作品的陶器大湯碗和精選餐具，更讓這裡的烏龍麵增添推薦價值。

在行色匆匆旅人氣氛中，
悠閒享用 Hitoshinaya 清雅白粥

　　「Hitoshinaya」可能是羽田機場內最有氣質的一間餐廳，不論是店面、內裝設計和料理格式，都帶著優雅、潔淨和透明感。不但如此，這餐廳還喊出帶著傲骨的「究極の一品が味わえる（得以品味極致的料理）」、「究極の一品を目指す（以極致的料理為目標）」志向。

　　好在這裡的料理高貴卻不算太貴，不用動用過多經費，只要付出多些緩慢用餐的閒情逸致。店內最顯眼的是外觀潔淨的傳統大灶，以無垢木盒端出的「Hitoshinaya」人氣定食，除了美味菜餚，由大灶炊煮的白飯更是吟味重點。

　　Milly 那天腸胃稍有不適，於是選擇了白粥套餐。這白粥套餐完全是老舖旅館的水準，煮得綿密細軟的白粥熱呼呼，配上纖細風味的梅子、豆腐、溫泉蛋和小菜，一整餐吃下來，不但對美味讚嘆不已，更感覺到不會造成腸胃負擔。

　　日本人出國前享用這樣帶著媽媽溫柔和廚人手藝的精緻
套餐，可能會整個旅途上都懷念著日本料理的滋味呢。

　　裝潢如町家風貌，由多次獲得海外建築獎項建築師松井亮
設計的「Hitoshinaya」有著掛著純白暖簾的統一入口，實際上
卻是分為可以享用料理套餐的「あさごはん」、可以吃到日式
菜餚蓋飯的「ひとはち」，和可以享用鴨肉高湯烹煮拉麵、和
風濃湯 SET 的「すりながし」等三個主題不同的用餐空間。
料理均以講究的高湯調理，於是很特別的，在套餐端上前送上
的不是茶水，而是該店自信的清澈高湯。

跟著《神之雫》推薦，
在「ワールドワインバー by ピーロート」淺嚐美酒

　　搭飛機前喝酒似乎不是淑女該有的行為（笑），不過只是淺酌一杯芳醇美酒，應該是可以諒解的範圍。

　　「ワールドワインバー by ピーロート」位在羽田國內線第二航站三樓，有著俯瞰機場全景的絕佳櫃檯座位。據說不少日本上班族也將這裡視為搭乘飛機到外地、外縣市出差結束工作回家前，喝杯實惠夢幻美酒的「秘密基地」。

　　喝了店員極力推薦以希臘藍瓶裝，同時還在評酒經典漫畫《神之雫》中出現過的美酒，一口喝下就完全被那厚實、香醇與清雅共存的風味給征服，頓時動起了買一樽回家延續這幸福的意念。怎知在詢問過店員後，這願望完全破滅。

　　原來「ワールドワインバー by ピーロート」基本上還是提供世界品牌的酒商，店內之所以可用相對實惠價位，提供整瓶購入原本單價很高的杯酒，是因帶著「試飲」的意味。而且店內不提供單瓶酒的販售，而是必須填寫資料，以「整箱」購入的方式貨運到家。儘管如此，Milly 已經將這間在黃昏時分飲酒尤其讓人迷戀的酒吧，納入日後必定再去喝一杯的好去處。甚至興起了每次都喝一杯經典漫畫《神之雫》中出現過的美酒，以此作為出入東京的美好起點與結束。

▌羽田機場（羽田空港）
https://www.tokyo-airport-bldg.co.jp

國家圖書館出版品預行編目資料

東京大人旅／Milly 著.
-- 初版.-- 臺北市：平裝本，2016.03
面；公分.--（平裝本叢書；第 0432 種）
(iDO；84)
ISBN 978-986-92591-7-0(平裝)

731.72609   105001779

平裝本叢書第 0432 種

iDO 84

東京大人旅

作　　者 — Milly
發 行 人 — 平雲
出版發行 — 平裝本出版有限公司
　　　　　　台北市敦化北路 120 巷 50 號
　　　　　　電話◎ 02-2716-8888
　　　　　　郵撥帳號◎ 18999606 號
　　　　　　皇冠出版社 (香港) 有限公司
　　　　　　香港上環文咸東街 50 號寶恒商業中心
　　　　　　23 樓 2301-3 室
　　　　　　電話◎ 2529-1778　傳真◎ 2527-0904
總 編 輯 — 龔橞甄
責任編輯 — 平　靜
美術設計 — 程郁婷
著作完成日期 — 2015 年 10 月
初版一刷日期 — 2016 年 3 月

● 皇冠讀樂網：www.crown.com.tw
● 皇冠Facebook：www.facebook.com/crownbook
● 小王子的編輯夢：crownbook.pixnet.net/blog